タルティーヌとクロック
フランス式のっけパンとホットサンド

Kyoko Salbot サルボ恭子

Tartines et croques

東京書籍

contents

04　タルティーヌはフランス式のっけパン。
　　クロックはフランス式ホットサンド。
06　タルティーヌとクロックに使うパン

＊計量単位は、1カップ＝200ml、
　大さじ1＝15ml、小さじ1＝5mlです。
＊オーブンの温度、
　オーブンやオーブントースターの焼き時間は目安です。
　機種によって違いがあるので加減してください。
＊電子レンジの加熱時間は600Wを基準にしています。
　機種によって加熱時間が異なるので、
　様子を見ながら加減してください。
＊ガスコンロの火加減は、特にことわりのない場合は中火です。
＊塩は天然塩を使っています。
　フルール・ド・セルはフランスの大粒の天然塩で、
　ツンとしたしょっぱさがなく、豊かな風味が特徴。
　ゲランドのものが有名です。
＊イエローマスタードは、
　単にマスタードともいわれているもので、
　粒マスタードのような酸味がないのが特徴。
＊オリーブオイルはエキストラバージンを使っています。
＊レモンはノンワックスのものを使っています。

Tartines　タルティーヌ

08・10　クリームチーズとクミンシード
08・10　コンテチーズのオイルマリネとハーブ
08・11　パルメザンチーズとにんにくチップ、バジル
09・11　シェーブルチーズと松の実、ミント
12　ブルーチーズと柿
12　フェタチーズとブルーベリージャム
12　モッツァレラチーズとオレンジ
12　カマンベールチーズとりんご
14　リコッタチーズとズッキーニ、ドライトマト
15　シェーブルチーズとかに、白ぶどう
16　焼きアボカドとアーモンド
17　アボカドクリームと赤粒こしょう
18　トマトサルサ
18　2色のミニトマトと香菜
18　フルーツトマトとアンチョビー
20　コールスローとロースハム
20　キャラウェイシードの香りの紫キャベツソテー
22　焼きなすと白ごまペースト
22　なすのタイム＆ジンジャーソテー
24　塩もみきゅうりとクレソン
25　セロリのコールスローとミモレットチーズ
26　キャロットラペと生ハム
27　ゆでねぎと黒オリーブ
28・30　ブロッコリーのタイムソテー・パルメザンチーズ風味
28・30　かぶのバルサミコソテー・サラミとアーモンド
29・31　焼きかぼちゃとウォッシュチーズ
29・31　ゆでかぼちゃとカリカリベーコン
32　ゆでじゃがいもの黒オリーブあえ
32　ロシアンポテトサラダ風
32　じゃがいものたらこソテー・ディル風味
34　エリンギステーキ
34　しいたけとパンチェッタソテー
36　きのこペーストとクルミ
37　赤ワイン風味のマッシュルームソテー
38　うずら卵の目玉焼きとパセリバター

39	ゆで卵とオイルサーディン
40	パプリカ入りスクランブルエッグと生ハム
41	そら豆入りスクランブルエッグ
42	ハムペーストとマッシュルーム
43	角切りロースハムとパイナップル
44	コンビーフのグリル
44	ビーフパストラミとピーマンマリネ
46	ソーセージとピーマン、トマト、チーズ
47	スモークチキンとカリフラワー
48	豚肉のリエット
50・54	豚ヒレ肉とりんごのソテー・粒マスタード風味
51・54	蒸し鶏と大根マリネ
52・55	ハーブチキンと干しあんず
53・55	カレー風味のささ身とほうれん草ソテー
56	ツナペーストとズッキーニ、にんじん
56	ツナペーストと揚げごぼう
58	いかのマリネ
58	まぐろのマリネと紫キャベツ
60	たこのメヒカーナ風
60	帆立て貝柱といちご
60	サーモンのタルタル
62・66	しらすと菜の花
62・66	しらすの青のりガーリックオイル
63・66	えびのにんにくディル風味
64・67	めかじきのソテー・カクテルソース
65・67	いわしソテーとドライトマトスクランブル

Croques クロック

72	クロックムッシュ
74	クロックマダム
75	サラミとピーマン、ゆで卵のクロック
76	厚切りベーコンとあめ色玉ねぎのクロック
78	コンビーフとマッシュポテトのクロック
80	ソーセージとキャベツのホットドッグ風クロック
82	スモークサーモンとカッテージチーズのクロック
84	きのこのクリームソースクロック
86	ボロネーズソースのクロック
88	ドライカレーの小さいクロック

Croques 甘いクロック

90	りんごのコンポートとシナモンバターのクロック
92	ジャム入りフレンチトースト風クロック
93	バナナとショコラサンドのクロック

Tartines 甘いタルティーヌ

68・70	ドライフルーツ入りリコッタチーズとフランボワーズ
68・70	アーモンドクリームとブルーベリー
68・70	洋なしとスライスアーモンド
69・71	さつまいものマッシュとメープルバター
69・71	グレープフルーツのはちみつマリネとクリームチーズ
69・71	ラベンダーの香りのいちごとシャンティクリーム

94	食べたい素材で探すindex

タルティーヌは
フランス式のっけパン。
クロックは
フランス式ホットサンド。

　タルティーヌの語源はタルティネで、タルティネは「ぬる」という意味。スライスしたパンの上にバターやジャム、チョコレートスプレッドなどをぬった甘いタルティーヌがフランスの朝食の定番ですが、パンの上にいろいろな具材をのせて軽食やブランチに食べる、いわばフランス式のっけパンのこと。朝食なら冷蔵庫にあるサラミとチーズをのせたり、ブランチやランチなら昨夜の残りのチキングリルとサラダを取り合わせることも。
　クロックはフランス語で「カリッとした」という意味で、サンドイッチをグリルしたホットサンドのこと。タルティーヌよりボリュームがあってこれだ

けで一食にすることが多いので、ランチや軽めにすませたい夕飯に食べます。クロック料理の代表といえばクロックムッシュですが、これはパンにハムやチーズをはさんで、表面にベシャメルソースなどをぬって焼き上げるトーストのこと。クロックムッシュの由来がカリカリとしたこの料理をご婦人が食べるのは上品でないからムッシュ（男性紳士）用に、という楽しい一説は有名です。

　どちらもフランス人の食卓に欠かせない手軽でおいしく、そして楽しいパンの食事。そして、食べ方に決まりなんてありません。フランスではたとえばバゲットを横半分にスライスしてその上にたっぷりの具をのせて手で持って食べます。クロックは焼きたてアツアツを紙に包んで頬張るか、皿にのせてナイフとフォークで切って食べます。

　具材をのせる前にパンの表面を少し焼いて水分を飛ばしてカリッとさせると、具材が染みこみすぎず、何かぬるにも扱いやすいです。頭の中でパンと具材の取り合わせが決まったら、ササッと作ってあっという間にいただきましょう。そんな気軽さがタルティーヌとクロックの魅力。いろいろなおいしさを楽しんでください。

サルボ恭子

タルティーヌと
クロックに使うパン

フランスではバゲットを使うことが多いですが、それはバゲットがどこの家庭にも日常的にあり、最もポピュラーで味わいもシンプルだから。どっしり、もっちりとした田舎パンやイギリスパンなどを使うこともあります。だからバゲットにこだわる必要はありません。家にある食パンやイギリスパン、マフィンなど、好みのものでOK。パンと具の組み合わせ次第でおいしさは無限大。ここでは、この本で使ったパンを紹介します。

バゲット（プレーン）
フランスパンの代表格。パリッとした皮とシンプルな味わいが特徴。店によって長さ、太さ、クープ（切り目）の数などさまざまですが、この本では、パリジャンと呼ばれる細めのもの、バタールと呼ばれる少し太めのものを使います。タルティーヌに用いるときは、薄切りや斜め薄切り、厚みを半分に切って使います。

バゲット（白ごまつき、けしの実つき）
プレーンなタイプのバゲットではなく、ちょっと変化をつけたいときは、白ごまやけしの実をつけて焼いたものもおすすめ。香ばしさ、食感などがアクセントになります。タルティーヌに用いるときは、薄切りや斜め薄切り、厚みを半分に切って使います。

バゲット生地パン（なまこ形）
バゲットの生地を使って、なまこ形やフットボール形に成形し、クープ（切り目）を入れて焼き上げたパン。サイズはいろいろ。皮はパリッ、中はもっちりしているのが特徴。タルティーヌに用いるときは薄切りにして使います。バゲットより断面が大きいので、具だくさんにしたいときにおすすめ。

パン・ド・カンパーニュ
基本的に天然酵母を用い、全粒粉やライ麦粉を使った田舎パンが、パン・ド・カンパーニュ。しっとりとした食感、ほのかな酸味が特徴。タルティーヌに用いるときは薄切り、もしくは、薄切りにしたものをさらに切り分けて使います。上にのせる具はボリューム感のあるものが合います。

パン・オ・ノア（クルミ入りパン）
ノアはクルミのことで、クルミが入ったフランスパンが、パン・オ・ノア。小麦粉だけのもの、ライ麦粉を加えたものなどがあり、いずれもクルミの香ばしさがポイント。タルティーヌに用いるときは薄切り、もしくは、薄切りにしたものをさらに切り分けて使います。チーズと好相性。

チャパタ
スリッパという意味のイタリアのパン。材料がシンプルで、素材本来の味を生かしたあっさり味、焼き色も最小限。具をのせたりサンドするのを前提に作られています。形は細長いものや小さいサイズなどいろいろ。タルティーヌに用いるときは厚みを半分に切って使います。肉加工品、チーズ、野菜などをはさんでボリューミーに仕上げます。

食パン、イギリスパン
型にふたをして焼いたものが角食で、この本では食パンと表記しています。ふたをしないで焼いたものが山型パンで、この本ではイギリスパンと表記しています。食パンの方がふたで生地の膨らみをおさえている分きめが細かく、モチッとした食べ心地。タルティーヌに用いるときは6枚切り、8枚切り、ノースライスのものを厚切りにして使います。

ライ麦入り食パン、全粒粉入り食パン
パン生地にライ麦や全粒粉を加え、型に入れて焼いた角食タイプのパン。ライ麦入りは香ばしく、プチッとした食感がアクセント。全粒粉入りは独特の豊かな香りが特徴。どちらも食パンタイプなので食べやすく、食パンのバリエーションとして使えるのが魅力です。タルティーヌに用いるときは6枚切り、8枚切りのものを使います。

クロックに使うチーズ

クロックはパン2枚を使ったフランス式ホットサンド。クロックムッシュに代表されるように、1段目もしくは2段目にチーズをのせて焼き上げることが多いのが特徴です。この本で使ったチーズは3種。使うチーズによって味わいが違ってきます。

ライ麦パン、シード入り黒パン
ライ麦パンは、ライ麦粉を使った酸味のあるドイツパン。シード入り黒パンは、ひまわりの種、かぼちゃの種、ごま、クルミを入れた、ビタミン、ミネラルたっぷりのドイツ系パン。どちらも個性的な味わいで、クセになるおいしさ。タルティーヌに用いるときは薄切りにして使います。

ホットドッグ用パン
ドッグパンともいわれる、細長い形をしたホットドッグ用のパン。上面に縦に切り込みを入れて、または厚みを半分に切って、具をはさみます。この本では、ソーセージとキャベツをはさんでクロックに仕立てます。

グリュイエールチーズ
スイス・グリュイエール地方原産のチーズ。牛乳から作られていて、濃厚な味わいとフルーティーな香りが特徴。薄く削ってパンにのせて焼くと、とろりと溶けてやさしい味わい。クロックのほか、グラタン、キッシュ、チーズフォンデュなどに使います。

パルメザンチーズ
パルミジャーノ・レジャーノといわれるイタリアを代表するチーズのひとつ。牛乳から作られていて、コクと風味と甘さがあり、長期間熟成したものは豊かな味わい。粉チーズではなく、ブロックのものをすりおろして使うと、この上ないおいしさ。

マフィン
イングリッシュマフィンともいわれる、丸い形をしたイギリスのパン。コーンミールをまぶして焼き上げたマフィンは、表面はカリッ、中はしっとり。手で厚みを半分に割ってトーストして食べるのが基本。タルティーヌに用いるときも同様です。

クロワッサン
三日月形に成形して焼き上げたフランス発祥のパン。バターを多く使い、サクサクとした食感と甘みがあるのが特徴。タルティーヌに用いるときは厚みを半分に切り、具をのせたり、はさんだり。甘いタルティーヌやクロックに向いています。

シュレッドチーズ
小さく削ったチーズのことをシュレッドチーズといいます。使われるチーズはゴーダチーズ、チェダーチーズ、マリボーチーズ、モッツァレラチーズなどさまざま。ミックスされているもの、細めに削ったものもあり、好みのものを使います。

Tartines
タルティーヌ

A

B

C

A	クリームチーズとクミンシード	作り方は p.10
B	コンテチーズのオイルマリネとハーブ	作り方は p.10
C	パルメザンチーズとにんにくチップ、バジル	作り方は p.11
D	シェーブルチーズと松の実、ミント	作り方は p.11

Tartines | Croques

クリームチーズとクミンシード

クミンシードをよく炒って粗みじんに切って
香りを立たせるのがポイント。クセになるおいしさです。

材料 10個分

バゲット（細め） > *1cm厚さに切る* 10枚
クリームチーズ 50g
クミンシード 小さじ1

1 パンはオーブントースターで軽く色づくまで焼き、粗熱をとる。
2 クミンシードはフライパンで香りがしてくるまで炒り、粗みじん切りにする。
3 クリームチーズを練ってなめらかにし、1の上にたっぷりとぬり、2をふりかける。

コンテチーズのオイルマリネとハーブ

ミモレットやチェダー、エメンタールやグリュイエールなど
ハード系チーズがよく合います。

材料 8個分

バゲット > *1cm厚さに少し斜めに切る* 8枚
コンテチーズ 100g
オリーブオイル 大さじ1強
ハーブ
セルフィーユ 2本 > *葉を摘む*
ディル 2本 > *葉を摘む*
イタリアンパセリ 2本 > *葉を摘む*

1 コンテチーズは5mm厚さに切り、バットに入れ、オリーブオイルをかけて10分ほどマリネする（写真a）。バゲットに2枚のるくらいの大きさに切る。
2 パンはオーブントースターで軽く色づくまで焼き、粗熱をとる（写真b）。
3 2に1のコンテチーズを2枚ずつのせ、ハーブを1で残ったオリーブオイルで軽くあえてのせる。

a　　*b*

パルメザンチーズと
にんにくチップ、バジル

パルメザンチーズはごく薄く削ってのせるのがおいしさの秘密。
ジェノベーゼの気分で楽しみます。

材料 10個分
バゲット ＞ <u>1cm厚さに少し斜めに切る</u> 10枚
パルメザンチーズ ＞ <u>ごく薄く削る</u> 80g
オリーブオイル 大さじ2
にんにく ⅓かけ ＞ <u>薄切りにする</u>
塩（フルール・ド・セル） 少々
バジル ＞ <u>葉を摘む</u> 10枚

1　フライパンにオリーブオイルとにんにくを入れて弱火にかけ、にんにくが色づいてチップス状になったらとり出して油をきる。にんにくの香りが移った油もとっておく。
2　パンはオーブントースターで軽く色づくまで焼く。1の油を表面にぬって塩をふり、粗熱をとる。
3　2の上にパルメザンチーズを4～5枚ずつ並べ、1のにんにくチップとバジルをのせる。

シェーブルチーズと松の実、ミント

ミントと黒こしょうの香りがアクセント。
シェーブルチーズの代わりに白カビチーズでも。

材料 4個分
バゲット ＞ <u>10cm幅に切って縦半分に切る</u> 4切れ
シェーブルチーズ 6cm弱
松の実 大さじ2
ミント 16枚
黒粒こしょう ＞ <u>たたいてつぶす</u> 小さじ1

1　パンはオーブントースターで軽く色づくまで焼き、粗熱をとる。
2　シェーブルチーズは1cm弱の厚さに切り（写真a）、さらに半分に切る。
3　松の実はフライパンで香りがしてきて色づくまで炒る（写真b）。
4　1にシェーブルチーズを3切れずつのせ、松の実とミントを散らし、こしょうをふる。

a　　b

ブルーチーズと柿

ここでは塩気と風味の強いフランス産ロックフォールを使用。
少しマイルドなイタリア産ゴルゴンゾーラや
ほかのブルーチーズでも。

材料 6個分
ライ麦入り食パン(8枚切り) 1枚
　> 耳を切り落として6等分に切る
ブルーチーズ(ロックフォール) 20g > 6等分に切る
柿(種なし) ½個
ブランデー 大さじ1

1　柿は皮をむいて5mm角に切り、ブランデーをふりかけて5分ほどおく。
2　パンはオーブントースターで軽く色づくまで焼き、粗熱をとる。
3　ブルーチーズを2の上におき、1の柿をのせる。

フェタチーズとブルーベリージャム

塩気は強いけれど風味はマイルド、
そんなフェタチーズにはフルーティーなジャムがよく合います。

材料 4個分
バゲット(細め) > 1cm厚さに切る 4枚
フェタチーズ 30〜35g
ブルーベリージャム 小さじ4くらい

1　パンはオーブントースターで軽く色づくまで焼き、粗熱をとる。
2　フェタチーズを4等分に切って1の上にのせ、ジャムを盛る。

モッツァレラチーズとオレンジ

オレンジのフレッシュ感とモッツァレラチーズの相性は二重丸。
赤唐辛子で味を引き締めます。

材料 4個分
バゲット生地パン(なまこ形) > 1cm厚さに切る 4枚
モッツァレラチーズ 1個(100g)
ネーブルオレンジ 大2房 > 薄皮をむいて4等分に切る
塩(フルール・ド・セル) 少々
赤唐辛子 > みじん切りにする 少々

1　パンはオーブントースターで軽く色づくまで焼き、粗熱をとる。
2　モッツァレラチーズは4等分に切り、さらに半分にちぎる。
3　1の上にモッツァレラチーズとオレンジをのせ、塩と赤唐辛子をふる。

カマンベールチーズとりんご

りんごのシャキッとした食感とほの甘い香りが
カマンベールと好相性。はちみつをたらしても。

材料 8個分
全粒粉入り食パン(8枚切り) 2枚 > 4等分に切る
カマンベールチーズ ½個(100g) > 8等分に切る
りんご > 薄いくし形に切って半分に切る 8切れ
セルフィーユ 1本 > 葉を摘む
オリーブオイル 大さじ1

1　パンはオーブントースターで軽く色づくまで焼き、粗熱をとる。
2　1の上にりんごをおいてカマンベールチーズをのせ、セルフィーユを飾る。オリーブオイルをかける。

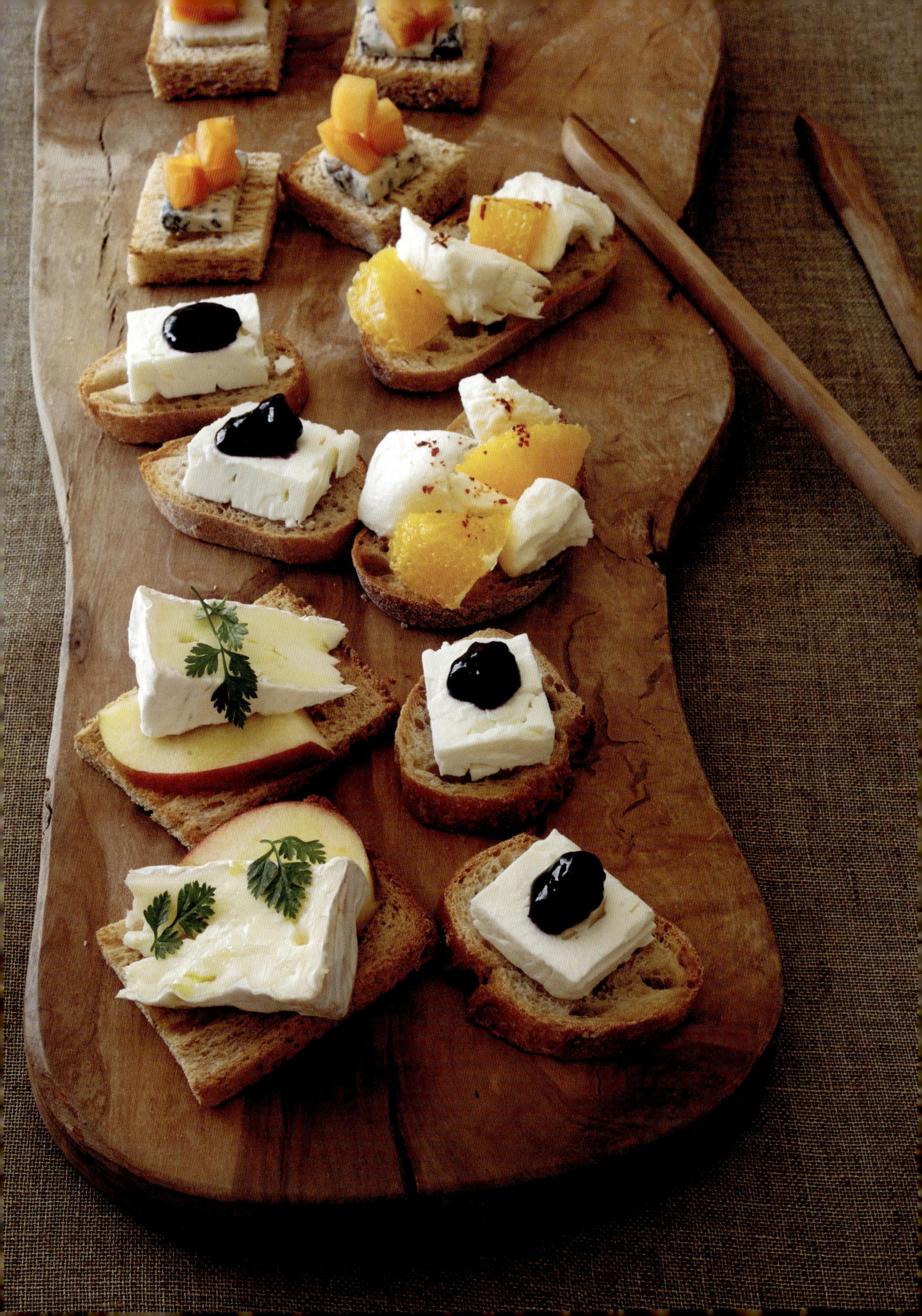

Tartines | Croques

リコッタチーズとズッキーニ、ドライトマト

ドライトマトの塩気が加わることで、パンチのある味わいに。
リコッタチーズ、ズッキーニ、ドライトマトの彩りもきれい。

材料 4個分
バゲット生地パン（なまこ形）
> <u>1cm厚さに切る</u>　4枚
リコッタチーズ　80g
ズッキーニ　½本　> <u>2mm厚さの半月切りにする</u>
セミドライトマト　4枚　> <u>3つに切る</u>
タイム　½本　> <u>葉を摘む</u>
こしょう　適量

1　ズッキーニは塩少々（分量外）をふって10分ほどおき、水気を拭く。
2　パンはオーブントースターで軽く色づくまで焼き、粗熱をとる。
3　2の上にズッキーニとリコッタチーズを交互に並べ、セミドライトマトを彩りよく配置する。タイムをのせてこしょうをふる。

チーズ＆フルーティー

シェーブルチーズとかに、白ぶどう

少し酸味のあるパンがよく合います。ここではライ麦入りのパンを使いましたが、パン・ド・カンパーニュでも。

材料 2個分
ライ麦入り食パン（6枚切り） 2枚
シェーブルチーズ ＞ *5mm厚さに切る* 8枚
かに（ほぐし身） 60g
白ぶどう（種なし） 6粒 ＞ *半分に切る*
マヨネーズ 大さじ2
ディル 1/2本 ＞ *葉を摘む*
オリーブオイル 小さじ2

1　パンはオーブントースターで軽く色づくまで焼き、粗熱をとる。
2　かにはマヨネーズを加えてあえる。
3　1の上に2を広げてのせ、シェーブルチーズとぶどうを盛り、ディルを散らす。オリーブオイルを回しかける。

焼きアボカドとアーモンド

焼いたアボカドは香ばしくって、さらにクリーミー。
粒マスタードをぬったマフィンとよく合います。

材料　2個分

マフィン　1個　> <u>厚みを半分に切る</u>
アボカド　½個　> <u>使う直前に半分に切って種と皮を除き、1cm厚さに切る</u>
オリーブオイル　大さじ1½
スライスアーモンド　20g
粒マスタード　大さじ2
塩（フルール・ド・セル）　ひとつまみ

1　パンはオーブントースターで軽く色づくまで焼き、粗熱をとる。
2　フライパンにアーモンドを入れて弱火にかけ、香りがしてうっすらと焼き色がつくまで炒り、とり出す。
3　2のフライパンにオリーブオイルを入れて火にかけ、アボカドを入れ、弱めの中火で焼き色がつくまで焼く。ひっくり返してもう片面も軽く焼き色をつける。
4　1に粒マスタードをぬって3を並べてのせ、塩とアーモンドを粗く砕きながら散らす。

アボカドクリームと赤粒こしょう

なめらかなペーストは、ぬり方に動きをつけるとおいしそう。
きつね色に焼いたパンも少し見えるように。

材料 4個分
イギリスパン(6枚切り) 2枚 > *縦半分に切る*
アボカド 1個 > *半分に切って種と皮を除き、1cm厚さに切る*
レモン果汁 大さじ1
プレーンヨーグルト 大さじ2
塩 小さじ2/3
パルメザンチーズ > *すりおろす* 大さじ1
赤粒こしょう 小さじ1
ラディッシュ 2個 > *縦半分に切る*

1 パンはオーブントースターで軽く色づくまで焼き、粗熱をとる（写真 *a*）。
2 アボカド、レモン果汁、ヨーグルト、塩、パルメザンチーズをフードプロセッサーに入れて攪拌し、ペースト状にする（写真 *b*）。
3 1の上に2をのせてスプーンで筋をつけながらぬり、赤粒こしょうを少しつぶしながら散らす。ラディッシュを添える。

a　　*b*

トマトサルサ

トマトは種をとり除くことによって、水っぽくなるのを防ぎます。
サルサは冷蔵庫で冷やしておいてもOK。

材料 4個分
ライ麦パン > *1cm厚さに切って半分に切る*　4切れ
トマト　1個
紫玉ねぎ　40g
にんにく　¼かけ
塩　小さじ½
タバスコ　適量
オリーブオイル　大さじ1
イタリアンパセリ　1本 > *葉を摘む*

1　トマトはヘタをとって横半分に切り、種をとり除き、1.5cm角に切る。紫玉ねぎは粗みじんに切り、にんにくは薄皮をむき(写真)、すりおろす。
2　ボウルに1、塩、タバスコ、オリーブオイルを入れて混ぜ合わせ、5分以上おく。
3　パンはオーブントースターで軽く色づくまで焼き、粗熱をとる。
4　3の上に2をのせ、イタリアンパセリをちぎって散らす。

2色のミニトマトと香菜

香菜とコリアンダーシードで、ほんのりエスニック。
香菜は刻み、コリアンダーシードはつぶし、それぞれの香りを立たせます。

材料 4個分
バゲット > *2cm厚さに斜めに切る*　4枚
ミニトマト(赤)　6個 > *ヘタをとって縦2等分に切る*
ミニトマト(黄)　4個 > *ヘタをとって縦2等分に切る*
香菜　1本
コリアンダーシード　小さじ1 > *たたいてつぶす*

1　パンはオーブントースターで軽く色づくまで焼き、粗熱をとる。
2　ミニトマトはボウルに入れて塩小さじ⅓(分量外)をふり、5分ほどおく(写真)。香菜をみじん切りにして加え、さっと混ぜる。
3　1の上に2をのせ、コリアンダーシードをふる。

フルーツトマトとアンチョビー

トマト、アンチョビー、バジルの黄金のトリオで。
バゲットにはオリーブオイルをぬっておくのがポイント。

材料 6個分
バゲット(細め) > *1cm厚さに切る*　6枚
フルーツトマト(小)　2個
小玉ねぎ　½〜1個
アンチョビー　6枚
バジル > *葉を摘む*　6枚
オリーブオイル　大さじ1

1　パンはオーブントースターで軽く色づくまで焼き、粗熱をとり、オリーブオイルをぬる。
2　フルーツトマトはヘタをとって横4等分に切り、小玉ねぎは薄皮をとり(写真)、薄切りにする。
3　1にバジル、フルーツトマト、小玉ねぎの順にのせ、アンチョビーをクルッと丸めてのせる。

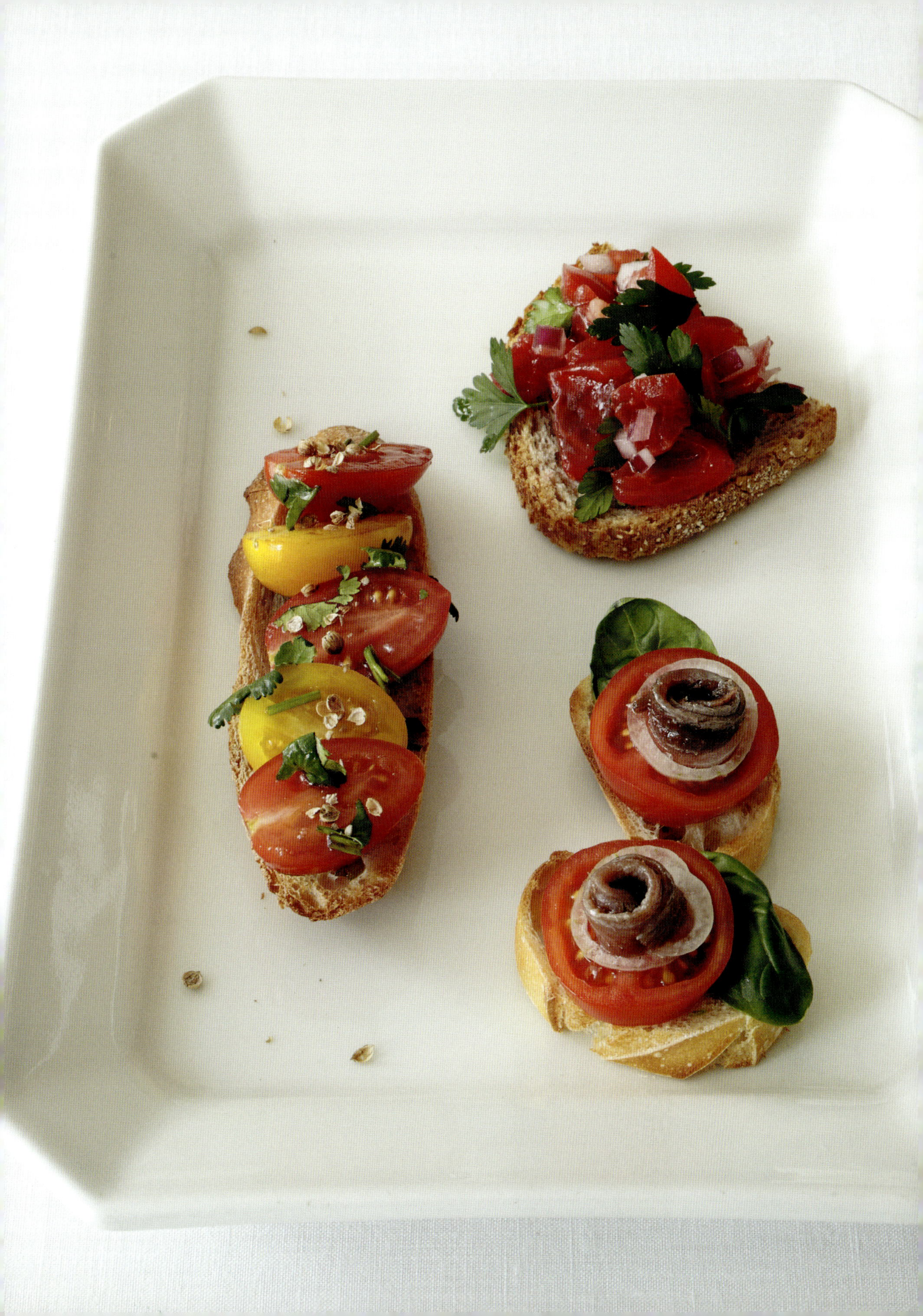

Tartines | Croques

コールスローとロースハム

ヨーグルトとマヨネーズで仕上げたコールスローが美味。
パンにたっぷりのせて頬張りたい。

材料 4個分
バゲット生地パン(なまこ形) ＞ *1cm厚さに切る* 4枚
キャベツ ¼個 ＞ *繊維に沿って5mm幅の細切りにし、芯は薄切りにする*
塩 小さじ½
白ワインビネガー 大さじ2
プレーンヨーグルト 大さじ1強
マヨネーズ 大さじ2
ロースハム(薄切り) 4枚
粗びき黒こしょう 小さじ1

1 ボウルにキャベツ、塩、白ワインビネガーを入れ、手でもんで塩をなじませ、20分ほどおく。
2 1の水気をしっかりと絞り、プレーンヨーグルトとマヨネーズを加え(写真)、混ぜ合わせる。
3 パンはオーブントースターで軽く色づくまで焼き、粗熱をとる。
4 3の上にロースハムを半分に折ってのせ、2をのせ、こしょうを散らす。

キャラウェイシードの香りの紫キャベツソテー

キャラウェイシードのさわやかな香りと甘みが紫キャベツによく合います。
パンにイエローマスタードをぬるのもポイント。

材料 4個分
バゲット生地パン(なまこ形) ＞ *1cm厚さに切る* 4枚
紫キャベツ ⅛個 ＞ *繊維に沿って5mm幅の細切りにし、芯は薄切りにする*
オリーブオイル 大さじ1
塩 小さじ½
キャラウェイシード 小さじ½
こしょう 適量
イエローマスタード 大さじ4

1 フライパンにオリーブオイルを入れて火にかけ、キャベツと塩を入れて炒め、キャベツがしんなりしたらキャラウェイシードを加えてさらに炒める(写真)。香りがしてきたらこしょうをふる。
2 パンはオーブントースターで軽く色づくまで焼き、粗熱をとり、イエローマスタードをぬる。
3 2の上に1をたっぷりとのせる。

20　野菜

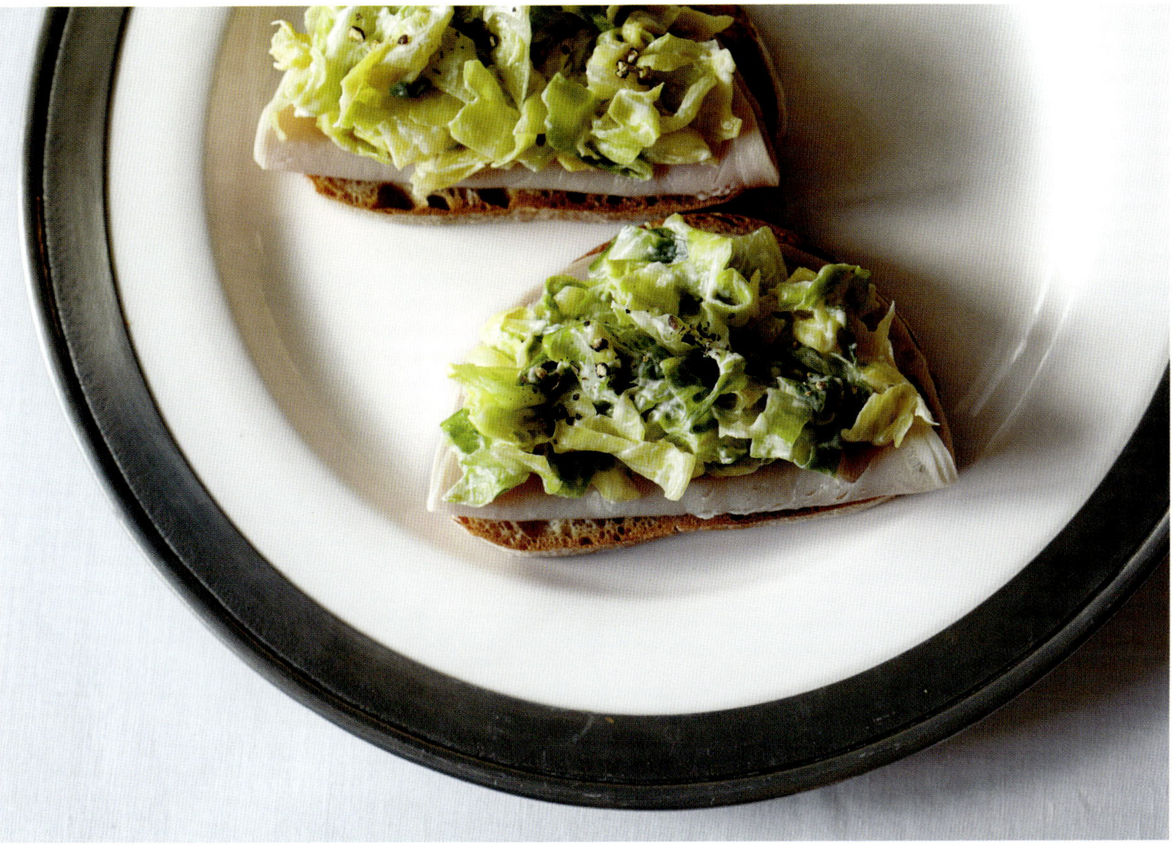

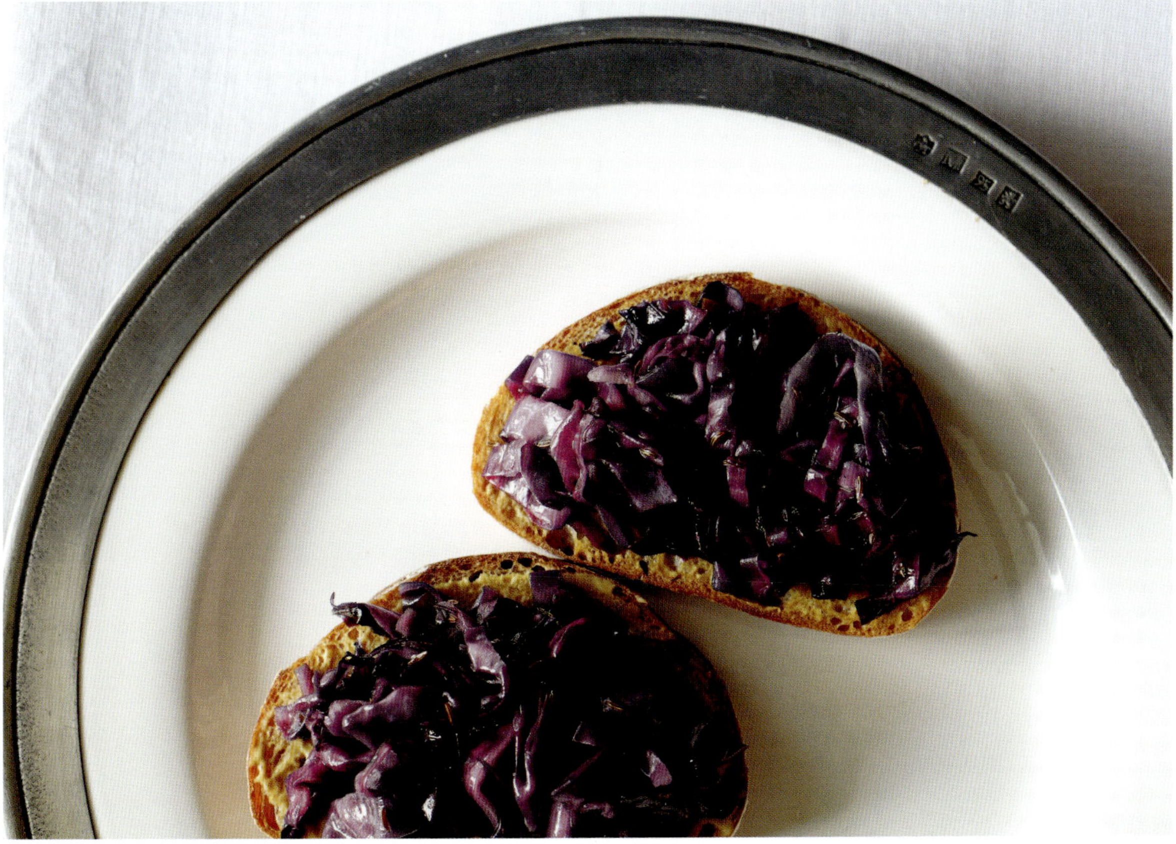

焼きなすと白ごまペースト

なすは黒くなるまでしっかりと焼くのがコツ。
エキゾチックなごまペーストのとり合わせが絶妙です。

材料 4個分
ライ麦パン ＞ _1cm厚さに切る_ 4枚
なす 4〜5本
白ごまペースト
　白練りごま　大さじ1
　プレーンヨーグルト　小さじ2
　塩　小さじ⅓
　にんにく　¼かけ ＞ _すりおろす_
　オリーブオイル　小さじ½
パルメザンチーズ ＞ _削る_ 適量
ブロッコリースプラウト　適量

1　なすは皮に包丁で数カ所切り込みを入れ、グリルやオーブントースターで20分ほど焼いて火を通す。ヘタを切り落として皮をむき、縦4〜5等分にさく（写真）。
2　パンはオーブントースターで軽く色づくまで焼き、粗熱をとる。
3　ボウルに白ごまペーストの材料を入れて混ぜ合わせる。
4　2の上に3をぬり、なすを並べてのせる。パルメザンチーズをふり、ブロッコリースプラウトをのせる。

なすのタイム＆ジンジャーソテー

なすはあらかじめ塩をふって余分な水分を抜いて使います。
オリーブオイルでじっくりと焼いてうまみを引き出すのがポイント。

材料 4個分
ライ麦パン ＞ _1cm厚さに切る_ 4枚
なす 2〜3本
オリーブオイル　大さじ1½
しょうが　1かけ ＞ _みじん切りにする_
タイム　1本
クリームチーズ　50g

1　なすはヘタを切り落として1cm厚さの輪切りにし、水に放してアクを抜き、水気をきる。バットに並べて塩小さじ1（分量外）をふり、10分ほどおき、ペーパータオルで水気を拭く（写真a）。
2　フライパンにオリーブオイル、しょうが、タイムを入れて火にかけ（写真b）、1のなすを並べて入れ、両面焼き色がつくまで焼く。
3　パンはオーブントースターで軽く色づくまで焼き、粗熱をとる。
4　3の上にクリームチーズをぬり、2をのせる。

_a_

_b_

22　野菜

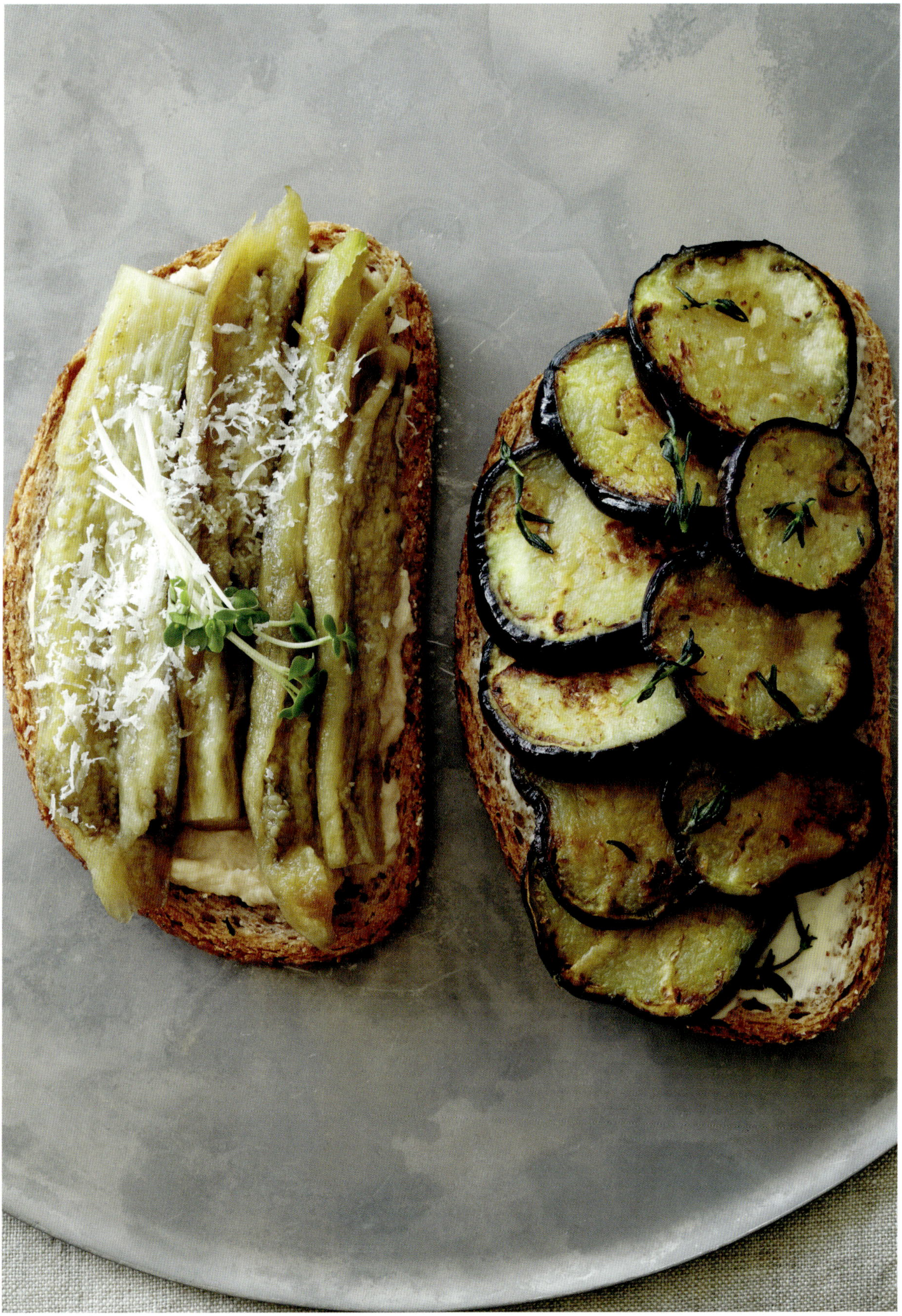

Tartines | Croques

塩もみきゅうりとクレソン

バゲットに多めにぬったマスタードがアクセント。
ごく少量のオリーブオイルできゅうりとクレソンをまとめます。

材料 10個分
- バゲット（細め） > *1.5cm厚さに切る* 10枚
- きゅうり 2本
- クレソン 6本 > *太い茎は除き、ざく切りにする*
- オリーブオイル 小さじ½
- イエローマスタード 適量

1　きゅうりは薄切りにしてボウルに入れ、塩小さじ⅔（分量外）をふって手でもみ、10分ほどおく。水気をしっかりと絞る。
2　パンはオーブントースターで軽く色づくまで焼き、粗熱をとる。
3　ボウルに1とクレソンを入れ、オリーブオイルを加えてざっと混ぜる。
4　2の上にイエローマスタードをたっぷりめにぬり、3をこんもりとのせる。

セロリのコールスローとミモレットチーズ

セロリで作ったコールスローはさわやか。
ハード系のチーズ、カリッと香ばしく焼いたパンとよく合います。

材料 4個分
バゲット生地パン（なまこ形）
> 1.5cm厚さに切る　4枚
セロリ　2本　> 斜め薄切りにする
塩　小さじ2/3
白ワインビネガー　大さじ1
マヨネーズ　大さじ1
練り辛子　小さじ1
ミモレットチーズ　80g
> 2mm厚さ、1.5cm四方に切る
粗びき黒こしょう　適量

1　セロリはボウルに入れ、塩、白ワインビネガーを加えて混ぜ、ときどき上下を返して20分ほどおく。
2　パンはオーブントースターでしっかりと焼き色がつくまで焼き、粗熱をとる。
3　1のセロリがしんなりとしたら水気を絞り、マヨネーズ、練り辛子を加えて混ぜる。
4　2の上に3とミモレットチーズをのせ、こしょうをふる。セロリの葉（分量外、あれば）を添える。

キャロットラペと生ハム

にんじんの甘みが出た定番ラペに香ばしく焼いたパンがアクセントになります。
少しおいてパンとにんじんがなじんだら、おいしい頃合いです。

材料 6個分
バゲット ＞ 1cm厚さに少し斜めに切る　6枚
にんじん　1本
　＞ 皮をむいて4cm長さのせん切りにする
塩　小さじ1/2
レモン果汁　大さじ1
レーズン　18粒
生ハム　3枚　＞ 半分に切る
イタリアンパセリ　少々

1　ボウルににんじんを入れ、塩、レモン果汁、レーズンを加えて混ぜ、ときどき上下を返して1時間ほどおく。
2　パンはオーブントースターでしっかりと焼き色がつくまで焼き、粗熱をとる。
3　2の上に1を盛り、生ハムをのせ、イタリアンパセリを飾る。

ゆでねぎと黒オリーブ

フランスではポワローを使いますが、ここでは日本の長ねぎを使用。
冬場の太めの長ねぎを使うと、甘くてやわらかく、香りもいい!

材料 10個分
バゲット > *1cm厚さに切る* 10枚
長ねぎ(白い部分) 2本 > *鍋に入る長さに切る*
塩 小さじ1
オリーブオイル 適量
黒オリーブ(種なし) 5粒 > *半分に切る*
塩(フルール・ド・セル) 適量
こしょう 適量

1 鍋に長ねぎ、塩、水1½カップを入れてふたをして火にかけ、煮立ったら弱火にし、静かに沸騰している状態で10分ほど煮る。長ねぎがやわらかくなったら火を止め、そのまま冷ます(写真)。
2 パンはオーブントースターで軽く色づくまで焼き、粗熱をとり、オリーブオイルをぬる。
3 1の長ねぎの汁気をきって1.5cm幅に切る。
4 2の上に3を盛ってオリーブをのせ、塩、こしょうをふる。

Tartines | Croques

A

B

28　野菜

A　ブロッコリーのタイムソテー・パルメザンチーズ風味　　　作り方は p.30

B　かぶのバルサミコソテー・サラミとアーモンド　　　作り方は p.30

C　焼きかぼちゃとウォッシュチーズ　　　作り方は p.31

D　ゆでかぼちゃとカリカリベーコン　　　作り方は p.31

Tartines | Croques

ブロッコリーのタイムソテー・パルメザンチーズ風味

焼くときにタイムを加え、焼けたらパルメザンチーズをふる、このひと手間でおいしさがグンとアップします。

材料 6個分
バゲット（細め、白ごまつき）
　> 7cm幅に切って縦半分に切る　6切れ
ブロッコリー　5房　> 縦5mm厚さに切る
オリーブオイル　大さじ1½
タイム　1本
塩　小さじ½
こしょう　適量
パルメザンチーズ　> すりおろす　大さじ3

1　フライパンにオリーブオイルとタイムを入れて火にかけ、ブロッコリーを並べ入れて塩をふり、両面焼き色がつくまで焼く（写真）。こしょう、パルメザンチーズをふってひと混ぜする。
2　パンはオーブントースターで軽く色づくまで焼き、粗熱をとる。
3　2の上に1をのせ、1のフライパンに残ったタイムやチーズを散らす。

かぶのバルサミコソテー・サラミとアーモンド

ここではけしの実がまぶしてあるバゲットを使用。プレーンのバゲットや全粒粉のパンもよく合います。

材料 6個分
バゲット（細め、けしの実つき）
　> 7cm幅に切って縦半分に切る　6切れ
かぶ　3個
　> 軸の部分を5mmほど残して皮をむき、縦5mm厚さに切る
塩　小さじ⅔
こしょう　適量
オリーブオイル　大さじ1½
バルサミコ酢　大さじ2
サラミ　2枚　> 細切りにする
アーモンド　10粒　> 香りがするまで炒って3等分に切る
セルフィーユ　少々　> 葉を摘む

1　フライパンにオリーブオイルとかぶを入れて火にかけ（写真a）、塩をふり、両面焼き色がつくまで焼く。バルサミコ酢を回しかけ、こしょうをふってひと混ぜする（写真b）。
2 パンはオーブントースターで軽く色づくまで焼き、粗熱をとる。
3　2の上に1をのせ、サラミとアーモンドを散らす。セルフィーユを飾る。

a　*b*

焼きかぼちゃとウォッシュチーズ

ウォッシュチーズは香りは強いですが、味はまろやかで風味豊か。
かぼちゃの上にのせたら、オーブントースターで軽く焼いて仕上げます。

材料 4個分
ライ麦パン ＞ *5mm厚さに切って半分に切る* 4切れ
かぼちゃ ⅛個 ＞ *皮つきのまま8〜9mm厚さのくし形に切る*
オリーブオイル 大さじ1½
塩 小さじ⅓
ウォッシュチーズ（マンステールチーズ） 40g
クミンシード 小さじ½

1　フライパンにオリーブオイルとかぼちゃを入れて火にかけ、塩をふり、焼き色がついたらひっくり返す。竹串で刺してみてスーッと通るようになるまで焼く。バットなどにとり出して粗熱をとる（写真a）。
2　ウォッシュチーズは10gずつのくし形に切る（写真b）。
3　パンの上に1のかぼちゃを3等分に切って盛り、2をのせる。クミンシードを指ですりつぶしながらふりかける。
4　3をオーブントースターでチーズが軽く溶けるまで焼く。

a　*b*

ゆでかぼちゃとカリカリベーコン

甘くてホクホクのかぼちゃ、塩気のあるカリカリのベーコンの組み合わせ。
かぼちゃの代わりに、さつまいもや里芋を使っても。

材料 4個分
バゲット ＞ *1.5cm厚さに切る* 4枚
かぼちゃ ⅛個 ＞ *皮つきのまま1.5cm角に切る*
ベーコン（ブロック） 50g ＞ *5mm角の短い棒状に切る*
サラダ油 大さじ1
ナツメグ 適量
塩 小さじ½
オリーブオイル 大さじ1

1　鍋にかぼちゃとかぶるくらいの水を入れて火にかけ、やわらかくなるまでゆで、水気をきる。
2　フライパンにベーコンとサラダ油を入れて火にかけ、カリカリになるまで炒め、脂をきる。
3　1をボウルに入れ、フォークの背で粗くつぶし、ナツメグをすりおろし（写真）、塩、オリーブオイルを加えて混ぜる。
4　パンはオーブントースターで軽く色づくまで焼き、粗熱をとる。
5　4の上に2と3をのせる。

Tartines | Croques

ゆでじゃがいもの黒オリーブあえ

ドライトマトと黒オリーブで味を引き締めるのがポイント。
ホクホクして甘い男爵系のじゃがいもを使います。

材料 6個分
バゲット > 1cm厚さに切る 6枚
じゃがいも（キタアカリ） 2個 > 皮をむいて1.5cm角に切る
黒オリーブ 6粒 > 種を除いて2～3つに切る
ドライトマト 1枚 > 粗みじん切りにする
塩 小さじ2/3
こしょう 適量
オリーブオイル 大さじ1½

1　鍋にじゃがいもとかぶるくらいの水を入れて火にかけ（写真a）、やわらかくなるまでゆで、水気をきる。
2　1と黒オリーブをボウルに入れ（写真b）、ドライトマト、塩、こしょう、オリーブオイルを加えて混ぜ合わせる。
3　パンはオーブントースターで軽く色づくまで焼き、粗熱をとる。
4　3の上に2をたっぷりとのせる。

a　　b

ロシアンポテトサラダ風

ゆで卵、ピクルス、ツナなどを入れたマヨネーズ味の
ポテトサラダを、カリッと焼いたバゲットにのせます。

材料 6個分
バゲット > 1.5cm厚さに斜めに切る 6枚
じゃがいも（男爵） 2個 > 皮をむいて1.5cm角に切る
玉ねぎ > 薄切りにする 15g
ツナ（缶詰） 小1缶 > 油をきって粗くほぐす
塩 小さじ2/3
こしょう 適量
マヨネーズ 大さじ2
オリーブオイル 小さじ1
ゆで卵 1個 > 粗みじん切りにする
きゅうりのピクルス 3本 > 縦半分に切って斜め薄切りにする
パセリ > みじん切りにする 大さじ1

1　鍋にじゃがいもとかぶるくらいの水を入れて火にかけ、やわらかくなるまでゆで、水分を飛ばす。湯が残っていたら捨てる。
2　1に玉ねぎ、ツナ、塩、こしょう、マヨネーズ、オリーブオイルを加えて混ぜ（写真）、ゆで卵、きゅうりのピクルス、パセリを加えて混ぜ合わせる。
3　パンはオーブントースターで軽く色づくまで焼き、粗熱をとる。
4　3の上に2をたっぷりとのせる。

じゃがいものたらこソテー・ディル風味

じっくりと焼いたじゃがいもにたらこをからめると美味。
たらこと相性のよいディルでさわやかな香りをプラスします。

材料 8個分
バゲット > 1cm厚さに切る 8枚
じゃがいも（メークイン） 2個
　> 皮をむいて5mm厚さに切る
オリーブオイル 大さじ2½
たらこ ½腹 > 薄皮をとり除く
ディル 3本 > 葉を摘む

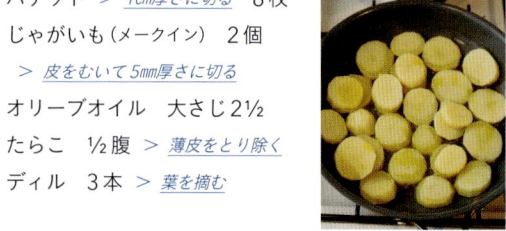

1　フライパンにオリーブオイル大さじ1½とじゃがいもを入れて火にかけ（写真）、弱火でじっくりと焼く。竹串で刺してみてスーッと通るようになったら、いったんとり出す。
2　1のフライパンにオリーブオイル大さじ1とたらこを入れて火にかけ、たらこに火が入って白っぽくなったら火を止め、ディルを加え、1のじゃがいもを戻し入れて混ぜる。
3　パンはオーブントースターで軽く色づくまで焼き、粗熱をとる。
4　3の上に2をのせる。

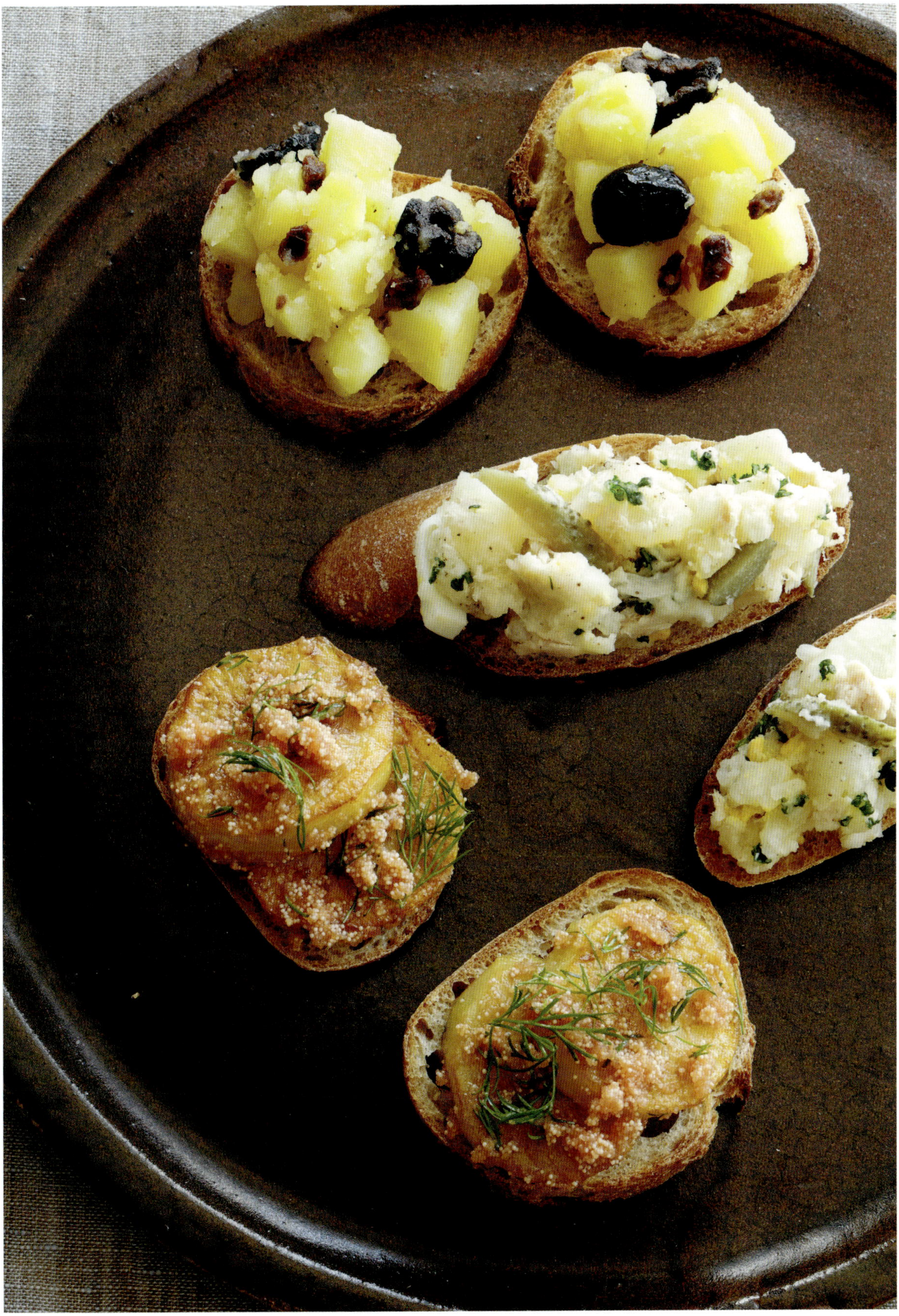

エリンギステーキ

エリンギをにんにくの香りが移ったオリーブオイルで焼くのがポイント。
シコシコとした食感がマフィンによく合います。

材料　4個分
マフィン　2個　＞　厚みを半分に切る
エリンギ　小6本　＞　縦3等分に切る
塩　小さじ2/3
こしょう　適量
にんにく　1/2かけ　＞　薄切りにする
オリーブオイル　大さじ1 1/2
シュレッドチーズ　大さじ4
ベビーリーフサラダ
　ベビーリーフ　ふたつかみ
　塩　ふたつまみ
　レモン果汁　小さじ1弱
　オリーブオイル　小さじ1

1　フライパンににんにくとオリーブオイルを入れて火にかけ、にんにくがカリッとしたらとり出す。
2　1のフライパンにエリンギを並べ入れ、塩とこしょうをふり、両面焼き色がつくまで焼く。
3　パンの上に2をのせ、1のにんにくを散らし、チーズをふる。オーブントースターでチーズが溶けるまで焼く。
4　ベビーリーフサラダの材料をボウルに入れて混ぜ合わせ、3に添える。

しいたけとパンチェッタソテー

パンチェッタからにじみ出た脂と塩味を、しいたけが吸って美味。
パンチェッタがないときは厚切りベーコンで代用を。

材料　2個分
パン・オ・ノア（クルミ入りパン）　＞　1.5cm厚さに切る　2枚
しいたけ　6個　＞　石づきをとり、縦4〜5等分の厚さに切る
パンチェッタ（ブロック）　100g
オリーブオイル　大さじ1 1/2
ローリエ　1枚
塩　小さじ1/3
こしょう　適量
イタリアンパセリ　3本　＞　葉を摘む

1　パンチェッタは5〜6mm厚さのひと口大に切る（写真）。
2　フライパンにオリーブオイルとローリエを入れて火にかけ、ローリエの香りがしてきたら、パンチェッタを入れて炒め、しいたけを加えてよく炒め合わせる。塩、こしょうをふる。
3　パンはオーブントースターで軽く色づくまで焼き、粗熱をとる。
4　3の上に2をたっぷりとのせ、イタリアンパセリを散らす。

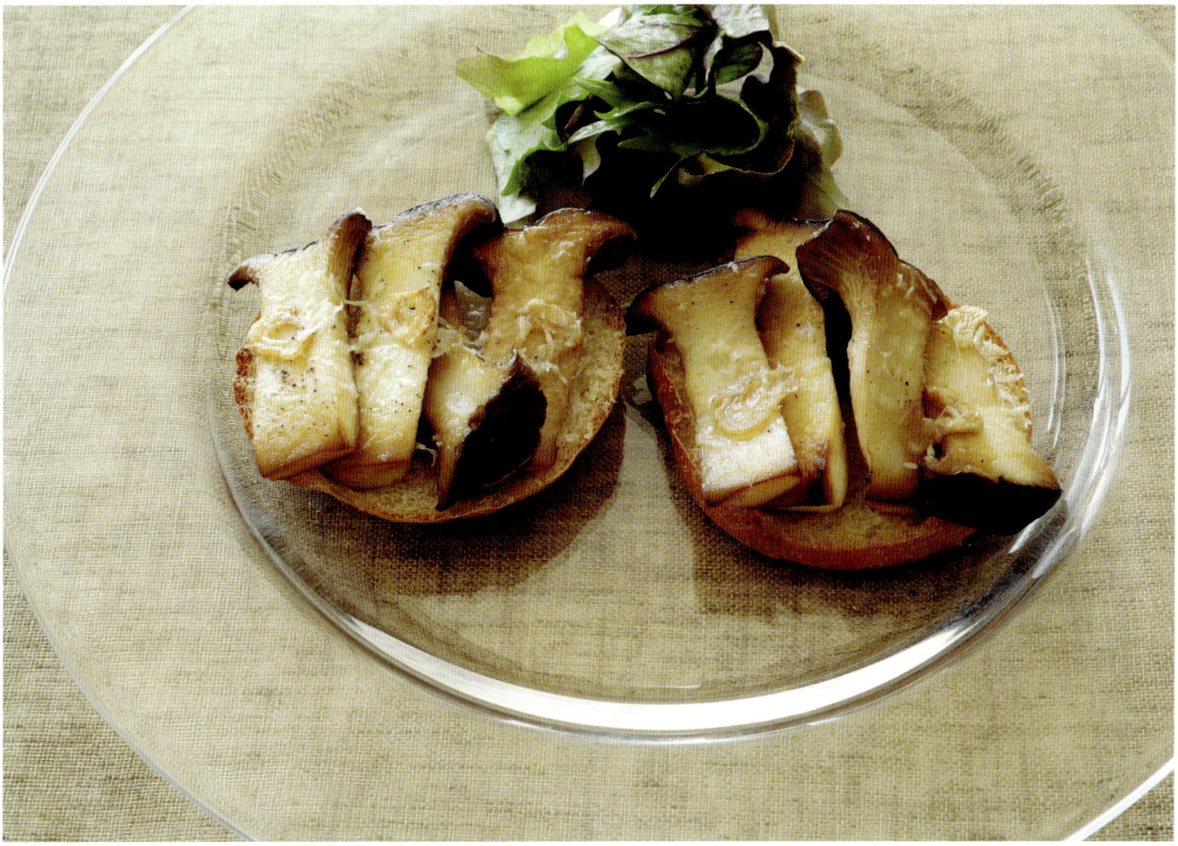

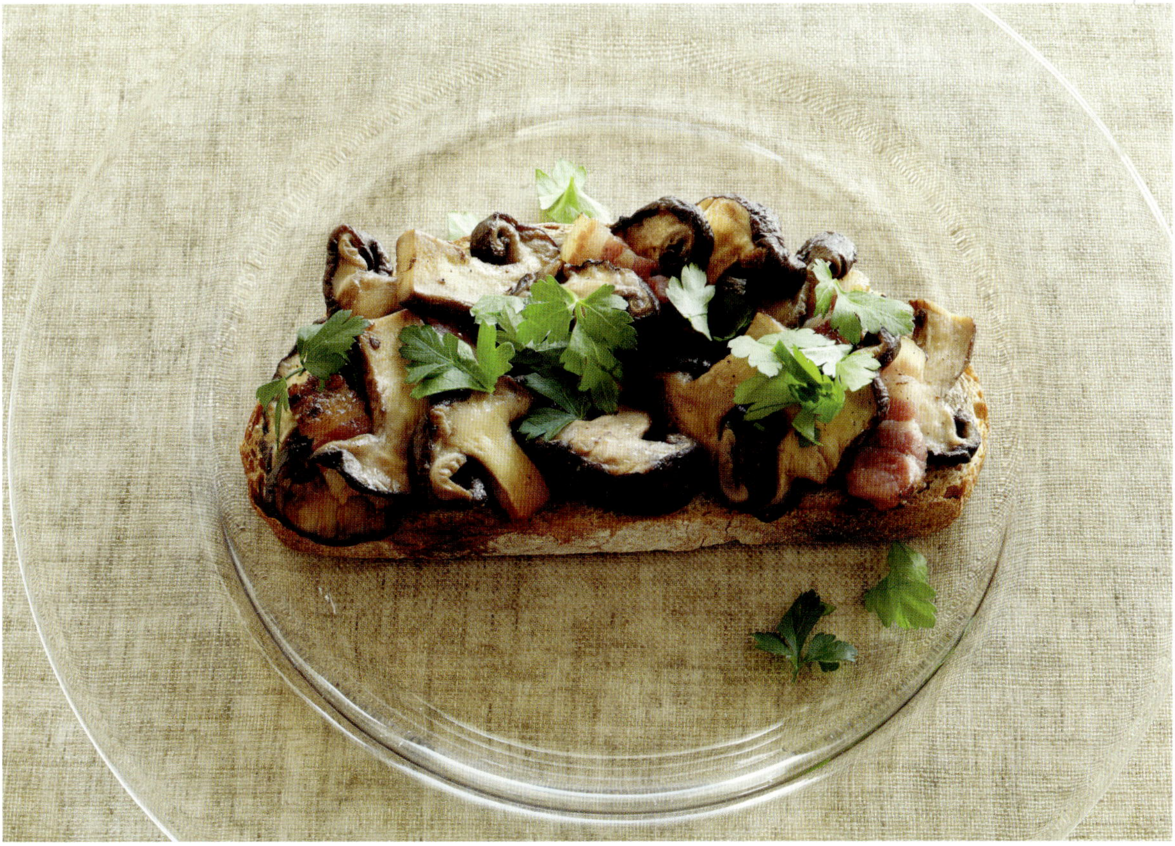

きのこペーストとクルミ

きのこの中でも味がよいとされるしめじを使って滋味豊かなペーストを作ります。森の恵み・クルミをプラス。

材料 10個分

バゲット ＞ *1cm厚さに切る* 10枚
しめじ 200g
バター（食塩不使用） 10g
塩 小さじ 2/3
こしょう 適量
クルミ 30g ＞ *フライパンで香りが立つまで弱火で炒る*

1　しめじは石づきをとり、フードプロセッサーで細かく刻む。
2　パンはオーブントースターで軽く色づくまで焼き、粗熱をとる。
3　鍋に1、バター、塩を入れて火にかけ、しめじに火が通ってカサが減ったら水分を飛ばし、こしょうをふる。粗熱をとる（写真）。
4　2の上に3をたっぷりとのせ、クルミを粗く砕いて散らす。

赤ワイン風味のマッシュルームソテー

マッシュルームは塩をふってうまみを引き出し、バターと赤ワインでコクを出します。仕上げのパルメザンチーズもポイントです。

材料 2個分
バゲット ＞ <u>10cm幅に切って縦半分に切る</u> 2切れ
マッシュルーム 10個 ＞ <u>石づきをとって縦半分に切る</u>
バター（食塩不使用） 5g
塩 小さじ½
赤ワイン 大さじ2
こしょう 適量
ルッコラ 2本
パルメザンチーズ 適量 ＞ <u>すりおろす</u>

1　パンはオーブントースターで軽く色づくまで焼き、粗熱をとる。
2　フライパンにバターを入れて火にかけ、マッシュルームを入れて塩をふって炒める。火が通ったら赤ワインを加えて煮含め、こしょうをふる。
3　1の上に2をたっぷりとのせ、ルッコラをおき、パルメザンチーズをふる。

うずら卵の目玉焼きとパセリバター

バゲット、にんにく風味のパセリバター、目玉焼きのトリオ。
うずら卵で作るミニサイズの目玉焼きがポイントです。

材料 5個分

バゲット（細め） > <u>3cm厚さに切る</u>　5枚

パセリバター
- バター（食塩不使用）　20g
  - > <u>室温においてやわらかくする</u>
- にんにく　1/3かけ　> <u>すりおろす</u>
- パセリ　> <u>みじん切りにする</u>　大さじ1
- 塩　小さじ1/2
- こしょう　適量

うずら卵　5個
オリーブオイル　大さじ1 1/2
塩　ふたつまみ

1　パセリバターを作る。ボウルにパセリバターの材料をすべて入れてよく混ぜ合わせる（写真）。

2　パンは厚みの半分くらいまで箸などで数回押して凹ませ、表面に1の適量をぬる。

3　2をオーブントースターに入れ、にんにくとバターの香りがしてくるまで焼く。

4　フライパンにオリーブオイルを入れて火にかけ、うずら卵を割り入れ、好みの加減に焼き、塩をふる。形のよくない目玉焼きがあったら周囲を切り取って形を整える。

5　3の上に4をのせる。

ゆで卵とオイルサーディン

にんにくマヨネーズであえたゆで卵だけでもおいしいですが、
ここではオイルサーディンと組み合わせてボリュームを出します。

材料 9個分
バゲット ＞ *1cm厚さに少し斜めに切る* 9枚
ゆで卵 3個 ＞ *縦4等分に切ってからひと口大に切る*
オイルサーディン（缶詰） 9尾
マヨネーズ 大さじ4
にんにく ＞ *すりおろす* 小さじ½
塩 小さじ½
粗びき黒こしょう 小さじ½

1　パンはオーブントースターで軽く色づくまで焼き、粗熱をとる。
2　ゆで卵は縦4等分に切ってからひと口大に切る。オイルサーディンは油をきる（写真）。
3　ボウルにゆで卵、マヨネーズ、にんにく、塩、こしょうを入れてざっと混ぜ合わせる。
4　1の上に3と半分に切ったオイルサーディンをのせる。

Tartines | Croques

パプリカ入りスクランブルエッグと生ハム

焼いたパプリカの甘みと色がアクセント。
卵はしっとりやわらかめに火を通すのがポイントです。

材料 2個分
食パン > _1.5〜2cm厚さに切る_　2枚
卵　3個
パプリカ(赤)　1個 > _縦半分に切って種をとる_
生クリーム　大さじ1弱
パルメザンチーズ > _すりおろす_　大さじ1½
塩　小さじ¼
こしょう　適量
オリーブオイル　大さじ1
生ハム　4枚
パプリカパウダー　小さじ⅓
粗びき黒こしょう　適量

_1_　パプリカはアルミホイルの上に内側を下に向けて並べ、オーブントースターに入れ、皮が少し焦げてむけるようになるまで焼く。熱いうちに皮をむいて5mm角に切る。
_2_　ボウルに卵を割りほぐし、1、生クリーム、パルメザンチーズ、塩、こしょうを加えてよく混ぜ合わせる(写真 a)。
_3_　フライパンにオリーブオイルを入れて火にかけ、2を一気に入れ、手早く混ぜながら半熟程度に火を通し、やわらかめのスクランブルエッグを作る。
_4_　パンはオーブントースターでしっかりと焼き色がつくまで焼き、粗熱をとる(写真 b)。
_5_　4の上に生ハムをおき、3をのせ、パプリカパウダーと粗びき黒こしょうをふる。

_a_ 　　_b_

そら豆入りスクランブルエッグ

卵とそら豆、サラダ菜の色合いがきれいなタルティーヌ。
アンチョビーとパルメザンチーズの塩気で味が締まります。

材料 2個分
食パン ＞ 1.5〜2cm厚さに切る　2枚
卵　3個
そら豆　12個
　＞ 縦半分に切って薄皮から出し、電子レンジで軽く火を通す
アンチョビー　2枚　＞ みじん切りにする
生クリーム　大さじ1弱
パルメザンチーズ　＞ すりおろす　大さじ1½
塩　小さじ⅕
こしょう　適量
オリーブオイル　大さじ1
サラダ菜　2〜3枚

1　ボウルに卵を割りほぐし、そら豆、アンチョビー、生クリーム、パルメザンチーズ、塩、こしょうを加えてよく混ぜ合わせる（写真）。
2　フライパンにオリーブオイルを入れて火にかけ、1を一気に入れ、手早く混ぜながら半熟程度に火を通し、やわらかめのスクランブルエッグを作る。
3　パンはオーブントースターでしっかりと焼き色がつくまで焼き、粗熱をとる。
4　3の上にサラダ菜をおき、2をのせる。

ハムペーストとマッシュルーム

マッシュルームは新鮮なものを使うのがおいしさの秘訣。
オリーブオイル、塩、こしょうは食べる直前にかけます。

材料　2個分

バゲット（細め、白ごまつき）　½本　＞ *縦半分に切る*

ハムペースト

ロースハム　100g　＞ *適当な大きさに切る*
玉ねぎ　20g
クリームチーズ　20g
イエローマスタード　大さじ1

マッシュルーム　4個　＞ *石づきをとる*
オリーブオイル　大さじ1
塩（フルール・ド・セル）　ふたつまみ
粗びき黒こしょう　適量

1　ハムペーストを作る。ハムペーストの材料をすべてフードプロセッサーに入れ（写真）、なめらかになるまで撹拌する。
2　パンはオーブントースターで軽く色づくまで焼き、粗熱をとる。
3　マッシュルームは盛りつける直前に縦薄切りにする。
4　2の上に1をぬり、マッシュルームを少しずらしながらのせる。食べる直前にオリーブオイルをかけ、塩とこしょうをふる。

角切りロースハムとパイナップル

おいしさを優先させて大きめに切ったハムと
パイナップルのソテーがのったタルティーヌ。
ナイフ＆フォークで食べるのがおすすめです。

材料　2個分

バゲット　16cm　＞ *縦半分に切る*
ロースハム（ブロック）　120g　＞ *1.5cm角に切る*
パイナップル　正味230g　＞ *1.5cm角に切る*
オリーブオイル　大さじ1½
しょうが　1かけ　＞ *皮をむいてすりおろす。皮もとっておく*
米酢　大さじ1
はちみつ　小さじ1
こしょう　適量
サニーレタス　2枚　＞ *水に放してパリッとさせ、水気をきる*

1　フライパンにオリーブオイル、しょうがのすりおろし、しょうがの皮を入れて火にかけ、香りがしてきたらハムとパイナップルを入れて焼く（写真）。米酢、はちみつ、こしょうをふってひと混ぜする。しょうがの皮はとり除く。
2　パンはオーブントースターで軽く色づくまで焼き、粗熱をとる。
3　2の上にサニーレタスをちぎっておき、1をたっぷりとのせる。

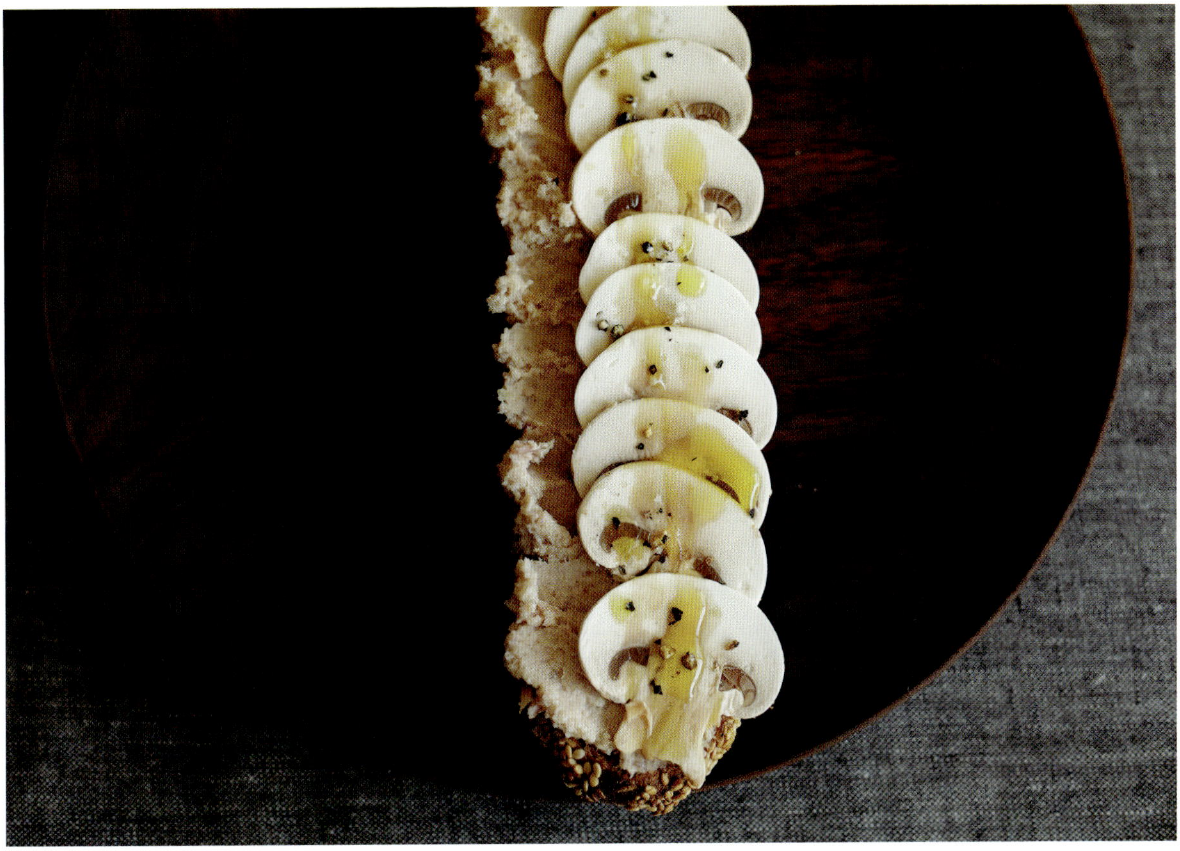

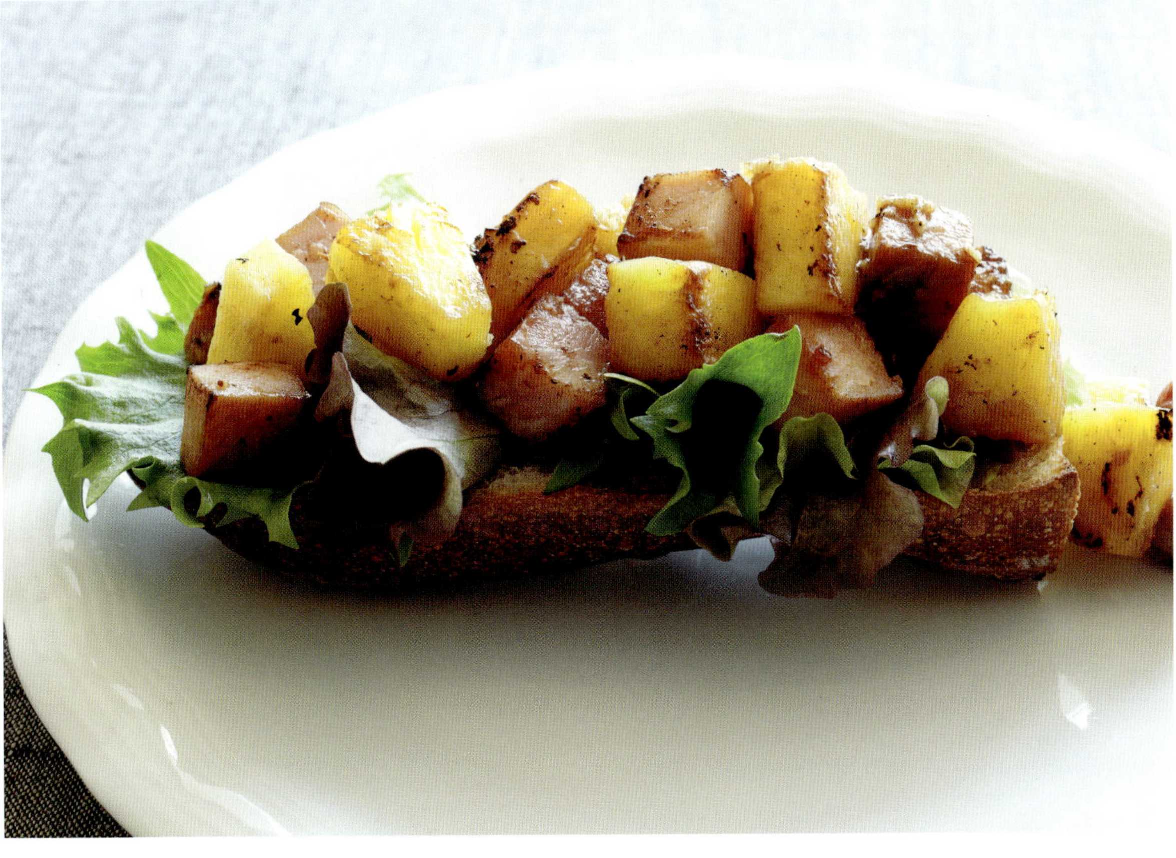

コンビーフのグリル

コンビーフにひと手間加えるのがサルボ風。
食パンにたっぷりのせて焼き上げると、この上ないおいしさ。

材料 2個分
全粒粉入り食パン（6枚切り） 2枚
コンビーフ（缶詰） 1缶（100g）
トマトピューレ 小さじ1
きゅうりのピクルス 2本 ＞ みじん切りにする
パセリ ＞ みじん切りにする 大さじ1½
にんにく ¼かけ ＞ みじん切りにする
塩 小さじ⅓
こしょう 適量
パルメザンチーズ ＞ すりおろす 大さじ1

1　ボウルにコンビーフ、トマトピューレ、きゅうりのピクルス、パセリ、にんにく、塩、こしょうを入れてよく混ぜ合わせる（写真）。
2　パンの上に1をたっぷりとのせ、パルメザンチーズをふる。
3　2をオーブントースターに入れて軽く焼き色がつくまで焼く。

ビーフパストラミとピーマンマリネ

ピーマンマリネを作っておけば、あとはパンにのせるだけ。
ライ麦パン、フォカッチャなども合います。

材料 6個分
イギリスパン（6枚切り） 2枚
ビーフパストラミ 200g
カラーピーマン（赤、黄、オレンジ） 各1個 ＞ 種をとって縦5mm幅に切る
塩 小さじ⅓
白ワインビネガー 大さじ1
オリーブオイル 小さじ1
シュレッドチーズ（細切りタイプ） 30g
イタリアンパセリ 少々

1　ボウルにカラーピーマンを入れ、塩、白ワインビネガー、オリーブオイルを加え、ときどき上下を返して15分ほどマリネして味をなじませる。ビーフパストラミは食べやすい大きさに切る（写真）。
2　パンはオーブントースターで軽く色づくまで焼き、粗熱をとって3等分に切る。
3　2の上にビーフパストラミとピーマンマリネをのせ、ピーマンマリネの上にシュレッドチーズをのせる。イタリアンパセリを飾る。

45

ソーセージとピーマン、トマト、チーズ

ソーセージとフレッシュのトマトを使ったピザトースト。
焼きたてアツアツを頬張るのが最高!

材料 4個分
バゲット生地パン(なまこ形、プチサイズ) 2個 > 縦半分に切る
ソーセージ(細長いもの) 4本 > 縦半分に切って長さを半分に切る
トマト 小1個 > 横5mm厚さの輪切りにする
ピーマン 2個 > 種をとって薄い輪切りにする
シュレッドチーズ 大さじ4
一味唐辛子またはチリパウダー 少々

1 パンにトマト、ソーセージ、ピーマンの順にのせ、シュレッドチーズを散らす。
2 1をオーブントースターに入れ、チーズが溶けてソーセージやピーマンにも火が入るまで焼く。
3 一味唐辛子をふる。

スモークチキンとカリフラワー

市販のスモークチキンと薄切りカリフラワーの組み合わせは
クセになるおいしさ。ピーナツバターがポイントです。

材料 2個分
全粒粉入り食パン(6枚切り) 2枚
スモークチキン(市販) 170〜180g > 手で大きめにさく
カリフラワー 大2房 > 縦1〜2mm厚さに切る
ピーナツバター(チャンクタイプ) 50g
塩 小さじ1/3
ルッコラ 6本
ライム 1/4個 > 半分に切る

1 パンはオーブントースターで軽く色づくまで焼き、粗熱をとる。
2 1にピーナツバターをぬり、スモークチキンとカリフラワーをのせる。
3 塩をふってルッコラをのせ、ライムを添える。ライム果汁を絞っていただく。

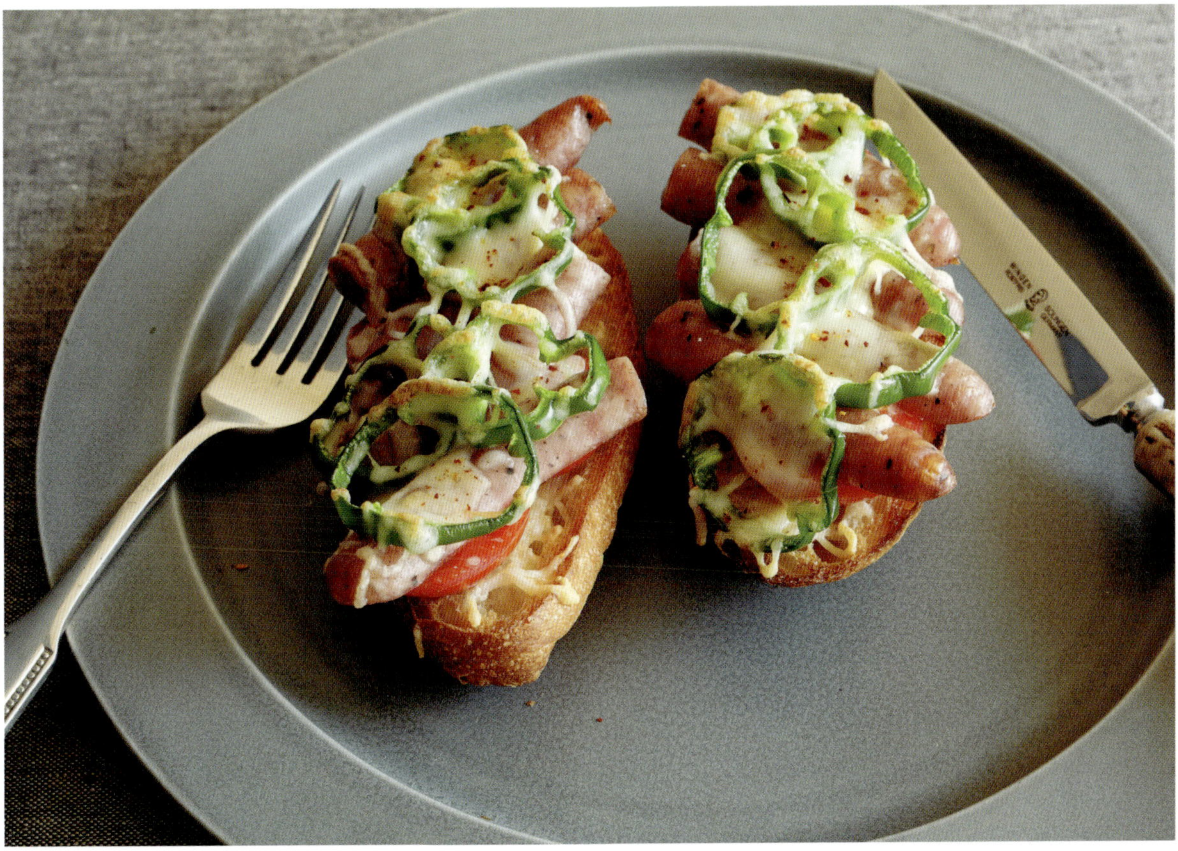

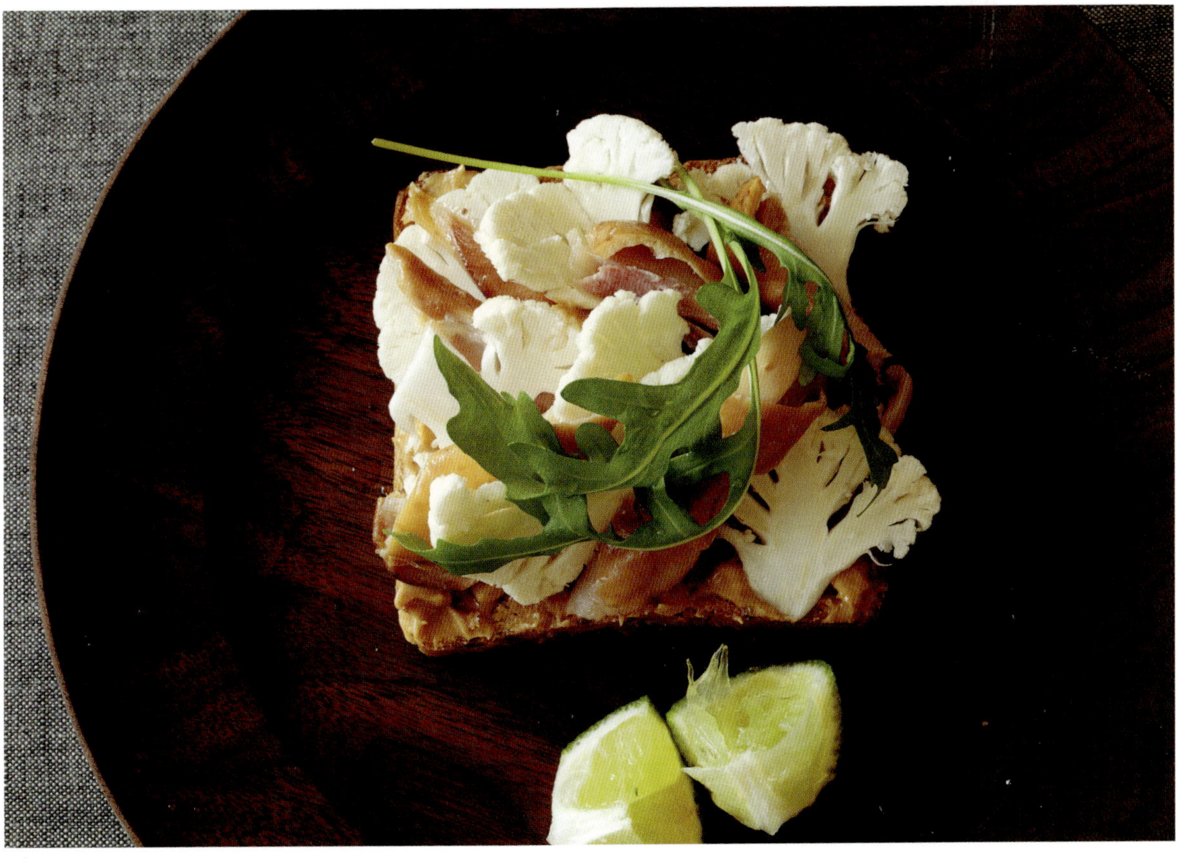

Tartines | Croques

豚肉のリエット

豚肉を白ワインとラードで煮込み、ペースト状に仕上げたフランスの常備菜。バゲットにたっぷりとのせていただきます。

材料 4個分
バゲット（細め） 1本　> 3等分の長さに切って縦半分に切る
豚肩ロース肉（シチュー用） 450g
塩 4.5g（豚肉の1％）
にんにく 1かけ　> 半分に切る
玉ねぎ 1/8個　> 薄切りにする
タイム 1本
純正ラード 100g
白ワイン（辛口） 1/4カップ
ローリエ 1枚
粗びき黒こしょう 小さじ1

1　豚肉は塩をまぶし、にんにく、玉ねぎ、タイムとともにビニール袋に入れ（写真a）、冷蔵庫にひと晩入れてマリネする。
2　1を鍋に移し、ラードと白ワイン、ローリエを加え（写真b）、ふたをして中火にかける。煮立ったら弱火にし、ときどき上下を返して1時間ほど煮る。豚肉が簡単にほぐせるくらいやわらかくなったら火を止め、粗熱をとる（写真c）。
3　2の豚肉をバットにとり出し、フォークの背でフレーク状になるまでほぐし（写真d）、2の鍋に残った油を少しずつ加えてなめらかなペースト状に仕上げる。塩、こしょう（各分量外）で味を調えて容器に入れ、ラップをぴったりとかける（写真e）。
4　パンはオーブントースターで軽く色づくまで焼き、粗熱をとる。
5　4の上に3をたっぷりとのせ、こしょうをふる。

a

b

c

d

e

48　肉

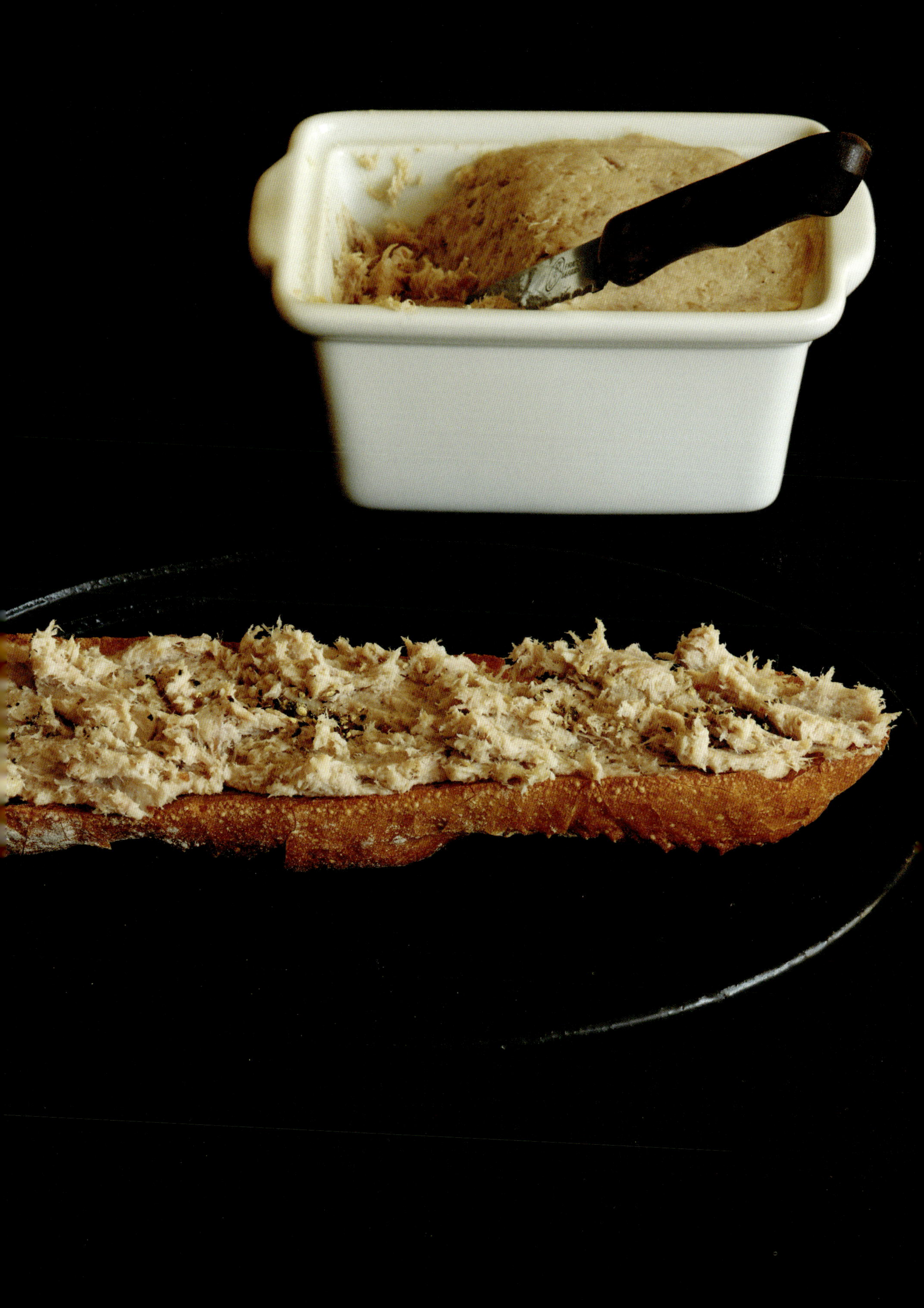

Tartines | Croques

豚ヒレ肉とりんごのソテー・粒マスタード風味　　作り方はp.54

蒸し鶏と大根マリネ 作り方はp.54

Tartines | Croques

ハーブチキンと干しあんず

作り方は p.55

カレー風味のささ身とほうれん草ソテー 作り方はp.55

Tartines | Croques

豚ヒレ肉とりんごのソテー・粒マスタード風味

相性のよい豚肉とりんごを取り合わせ、
パン・ド・カンパーニュにのせたボリューミーなひと皿。

材料 2個分
パン・ド・カンパーニュ ＞ 1.5cm厚さに切る　2枚
豚ヒレ肉　½本　＞ 1cm厚さに切る
りんご　½個　＞ 皮をむいて芯を除き、1cm厚さのくし形に切る
塩　小さじ⅔
こしょう　適量
サラダ油　大さじ1½
粒マスタード　大さじ4
シュレッドチーズ　大さじ3
イタリアンパセリ　2本　＞ 葉を摘んでみじん切りにする

1　フライパンにサラダ油を入れて火にかけ、豚肉に塩、こしょうをふって並べ入れ、りんごも入れる。りんごは両面に焼き色がつくまで焼き、豚肉は両面に焼き色をつけて中まで火を通す（写真）。
2　1をバットなどに移し、粒マスタードをからめる。
3　パンの上に2の豚肉とりんごを交互に並べ、シュレッドチーズをふり、オーブントースターでチーズが溶けるまで焼く。イタリアンパセリを散らす。

蒸し鶏と大根マリネ

やわらかい蒸し鶏とレモンの風味の大根のコンビ。
カリッと焼いたチャパタとよく合います。

材料 12個分
チャパタ　小6個　＞ 厚みを半分に切る
鶏胸肉　小2枚
塩　小さじ1½
レモン　＞ 輪切りにする　3～4枚

大根マリネ
　青首大根　10cm　＞ 皮をむいて1mm厚さに切る
　レモン果汁　80ml
　塩　小さじ1
マヨネーズ　大さじ8
鶏の蒸し汁　小さじ2
ミント　適量　＞ 葉を摘む
レモンの皮　少々　＞ すりおろす

1　鶏肉は塩をふって30分ほどおく。水250ml、レモンとともに鍋に入れ、ふたをして火にかけ、煮立ったら弱火強で10分ほど蒸し煮する。火を止めてそのまま冷ます（写真a）。
2　大根マリネを作る。大根はレモン果汁、水大さじ5、塩につけて30分ほどおく。
3　パンはオーブントースターで軽く色づくまで焼き、粗熱をとる（写真b）。
4　1の鶏肉は3mm厚さに切り（写真c）、2の大根は水気を拭く。
5　3の上に4をのせ、ミントを散らす。マヨネーズに鶏肉の蒸し汁を加えてソースを作り、上からかける。レモンの皮を散らす。

a　　*b*　　*c*

ハーブチキンと干しあんず

ハーブの香りと干しあんずの甘酸っぱさが融合。
ハーブは1種類でも、ドライハーブでもOKです。

材料 2個分
バゲット　斜め切りにして12cm　> 縦半分に切る
鶏もも肉　1枚
塩　小さじ½
こしょう　適量
タイム、ローズマリー　各1本　> 葉を摘む
オリーブオイル　大さじ1
干しあんず　6枚　> 半分に切る
白ワインビネガー　大さじ2

グリーンサラダ
　好みのレタス類　ふたつかみ
　塩　ふたつまみ
　レモン果汁　小さじ1弱
　オリーブオイル　小さじ1

1　鶏肉は塩、こしょうをふり、タイム、ローズマリー、オリーブオイル大さじ½をまぶして10分ほどおく。干しあんずは白ワインビネガーをふって10分ほどおき、水気を拭く。
2　フライパンにオリーブオイル大さじ½を入れて火にかけ、1の鶏肉を皮目を下にして入れる。焼き色がついたらひっくり返し、ふたをして2分ほど焼く。ふたをとって再び皮目を下にし、皮がパリッとするまで焼く（写真）。パンの幅に合わせて切り分ける。
3　パンはオーブントースターで軽く色づくまで焼き、粗熱をとる。
4　3の上に2の鶏肉と1の干しあんずを交互にのせる。グリーンサラダの材料をボウルに入れて混ぜ合わせ、添える。

カレー風味のささ身とほうれん草ソテー

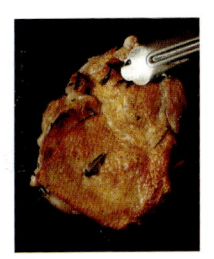

料理ひと皿をパンにのせるという感覚。
ブルーチーズとヨーグルトのソースで、味にボリュームを出します。

材料 10個分
バゲット　> 1.5cm厚さに切る　10枚
鶏ささ身　4本　> 3cm幅の斜め切りにする
サラダほうれん草　1束
　> 根元を切り落として6cm長さに切る
オリーブオイル　大さじ2
塩、こしょう　各適量
カレー粉　小さじ½

ソース
　ブルーチーズ　30g
　プレーンヨーグルト　大さじ1

1　パンはオーブントースターで軽く色づくまで焼き、粗熱をとる。
2　フライパンにオリーブオイル大さじ1を入れて火にかけ、ほうれん草を入れて塩小さじ½、こしょうをふり、さっと炒めてとり出す。
3　2のフライパンにオリーブオイル大さじ1を足して鶏ささ身を入れ、塩小さじ⅔、カレー粉をふって両面焼いて中まで火を通す（写真）。
4　1の上にほうれん草を円を描くようにのせ、ソースの材料を混ぜ合わせてかけ、3のささ身をのせる。

| Tartines | Croques |

ツナペーストとズッキーニ、にんじん

いつものツナにひと手間加えてペーストを作り、
野菜と一緒にパンにのせます。みんなの好きな味。

材料 9個分
イギリスパン（6枚切り） 3枚
ツナペースト
  ツナ（缶詰） 大1缶
  玉ねぎ 1/4個
  粒マスタード 大さじ2
  こしょう 適量
にんじん 1/2本 > 薄い半月切りにする
ズッキーニ 1本 > 薄い半月切りにする

1 にんじんとズッキーニは塩小さじ2/3（分量外）をふって20分ほどおき、しんなりさせる。
2 ツナペーストを作る。ツナ、玉ねぎをフードプロセッサーに入れ、なめらかになるまで撹拌する。ボウルに移し、粒マスタード、こしょうを加えて混ぜ合わせる（写真）。
3 パンはオーブントースターで軽く色づくまで焼き、粗熱をとり、3等分に切る。
4 3の上に2をのせ、1のにんじんとズッキーニを水気を拭いて交互に並べる。

ツナペーストと揚げごぼう

パリッと香ばしく揚げたごぼうとツナの相性は二重丸！
ごぼうはピーラーで薄く細くむくのがポイントです。

材料 9個分
イギリスパン（6枚切り） 3枚
ツナペースト
  ツナ（缶詰） 大1缶
  玉ねぎ 1/4個
  イエローマスタード 大さじ2
  こしょう 適量
新ごぼう（細め） 3本
  > 皮を洗い、ピーラーで薄く細くむいて水にさらす
タイム 1本
サラダ油 120mlくらい
塩 ふたつまみ

1 ツナペーストを作る。すべての材料をフードプロセッサーに入れ、なめらかになるまで撹拌する。
2 ごぼうは水気を拭く。
3 フライパンにごぼう、タイム、サラダ油を入れて火にかけ、弱火強でゆっくりと揚げ焼きする。まんべんなく色づいてパリッとしたらペーパータオルの上にとり出して油をきる。タイムも油をきる（写真）。タイムをちぎり、ごぼうと混ぜて塩をまぶす。
4 パンはオーブントースターで軽く色づくまで焼き、粗熱をとり、3等分に切る。
5 4の上に1をのせ、3を盛る。

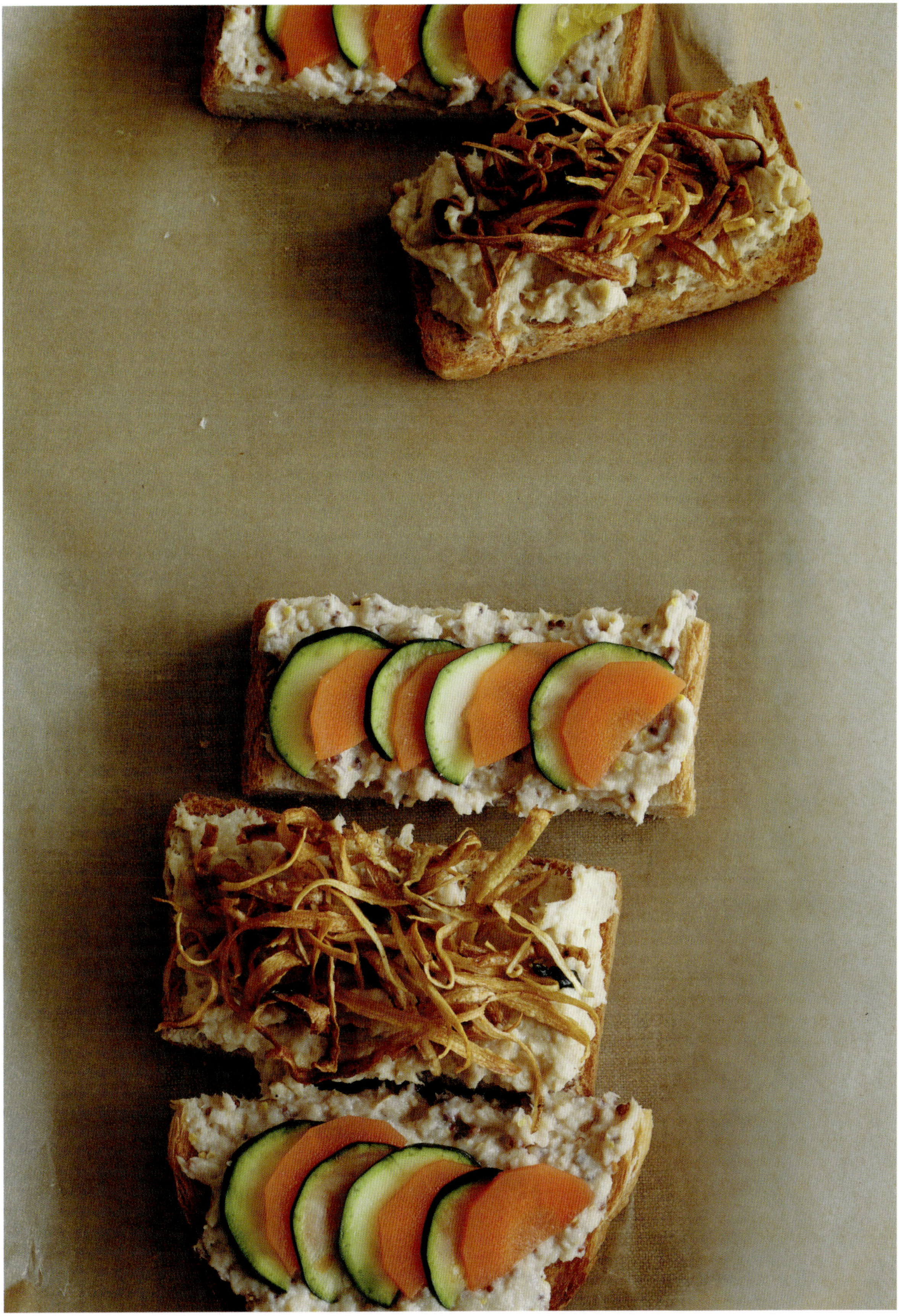

Tartines | Croques

いかのマリネ

刺し身用のいかを使ったお手軽レシピ。
青唐辛子とグレープフルーツの香りが食欲を刺激します。

材料 4個分
バゲット生地パン（なまこ形） > 1.5cm厚さに切る　4枚
いかのマリネ
　いか（刺し身用、細切り）　170g
　塩　小さじ2/3
　青唐辛子　1本 > 種をとって輪切りにする
　オリーブオイル　大さじ1
　グレープフルーツ果汁　大さじ3
イエローマスタード　適量
セロリ　30g > 薄切りにする

1　いかのマリネを作る。いかはボウルなどに入れ、塩、青唐辛子、オリーブオイル、グレープフルーツ果汁を加えて混ぜ、10分ほどおいて味をなじませる（写真）。
2　パンはオーブントースターで軽く色づくまで焼き、粗熱をとり、イエローマスタードをたっぷりめにぬる。
3　2の上に1をのせ、セロリを散らす。

まぐろのマリネと紫キャベツ

まぐろの刺し身はバルサミコ酢でマリネし、
紫キャベツは白ワインビネガーでマリネします。

材料 4個分
シード入り黒パン > 1cm厚さに切る　2枚
まぐろのマリネ
　まぐろ赤身（刺し身用さく）　350g > 1.5cm角に切る
　塩　小さじ1弱
　にんにく　1/2かけ > すりおろす
　バルサミコ酢　大さじ2
紫キャベツ　1/6個 > 繊維に沿って薄切りにし、食べやすい長さに切る
塩　小さじ1/2
白ワインビネガー　大さじ1

1　まぐろのマリネを作る。まぐろは保存容器などに入れ、塩、にんにく、バルサミコ酢を加えて混ぜ、20分ほどおいて味をなじませる（写真）。
2　紫キャベツは保存容器などに入れ、塩、白ワインビネガーを加えて手でもむようにして混ぜ、20分ほどおく。
3　パンはオーブントースターで軽く色づくまで焼き、粗熱をとり、半分に切る。
4　3の上に1と2をバランスよく盛りつける。

魚介

たこのメヒカーナ風

トマト、玉ねぎ、タバスコ、レモン果汁などを使い、
メキシコのサルサ・メヒカーナの味わいに仕上げます。

材料 2個分
- バゲット 15cm > 縦半分に切る
- ゆでだこの足(刺し身用) 2本 > 5mm厚さのそぎ切りにする
- ミニトマト(赤) 10個 > ヘタをとって横半分に切る
- ミニトマト(黄) 6個 > ヘタをとって横半分に切る
- 玉ねぎ 1/6個 > みじん切りにする
- 黒オリーブ 4粒 > 4等分の厚さに切る
- 塩 小さじ2/3
- レモン果汁 大さじ2
- タバスコ 少々
- にんにく 1/2かけ > すりおろす
- オリーブオイル 小さじ1
- バジル 小10枚

1 ボウルにたこ、ミニトマト、玉ねぎ、黒オリーブを入れ、塩、レモン果汁、タバスコ、にんにくを加えて混ぜ合わせ、ときどき上下を返しながら20分ほどおいて味をなじませる。
2 パンはオーブントースターで軽く色づくまで焼き、粗熱をとる。
3 2の上に1を汁気をきって彩りよく盛り、オリーブオイルをふり、バジルを飾る。

帆立て貝柱といちご

貝柱の一部をオリーブオイルとマヨネーズであえてソースに。
いちごの色と香りを添えていただきます。

材料 12個分
- バゲット(細め) > 1.5cm厚さに切る 12枚
- 帆立て貝柱(生食用) 12個
  > 白いかたい部分ははずしてとっておく
- 玉ねぎ > みじん切りにする 大さじ2
- オリーブオイル 小さじ1/3
- マヨネーズ 小さじ3
- 塩、こしょう 各適量
- いちご 5〜6粒 > ヘタをとって縦5mm厚さに切る
- セルフィーユ(あれば) 少々 > 葉を摘む

1 貝柱は横半分に切って塩小さじ1/3をふって5分ほどおき、水気を拭く。
2 はずしておいた白いかたい部分は刻み、玉ねぎ、オリーブオイル、マヨネーズ、塩小さじ1/2、こしょうを加えて混ぜ合わせる(写真)。
3 パンはオーブントースターでしっかりと焼き色がつくまで焼き、粗熱をとる。
4 3の上に1と2をのせ、いちご、1、いちごの順に重ねてのせ、セルフィーユを飾る。

サーモンのタルタル

シンプルに味つけをしたサーモンに、紫玉ねぎとベビーリーフを
とり合わせたタルティーヌ。キーンと冷えた白ワインによく合います。

材料 2個分
- バゲット 20cm > 縦半分に切る
- サーモン(刺し身用) 150g
- 塩 小さじ1/2
- グリーンペッパー(水煮) > みじん切りにする 小さじ1
- 白ワインビネガー 小さじ1
- 紫玉ねぎ 40g > 薄切りにする
- ベビーリーフ 適量

1 サーモンは1cm角に切り、塩をふって10分ほどおく。水気を拭き、グリーンペッパー、白ワインビネガー、紫玉ねぎを加え(写真)、あえる。
2 パンはオーブントースターで軽く色づくまで焼き、粗熱をとる。
3 2の上に1とベビーリーフをのせる。

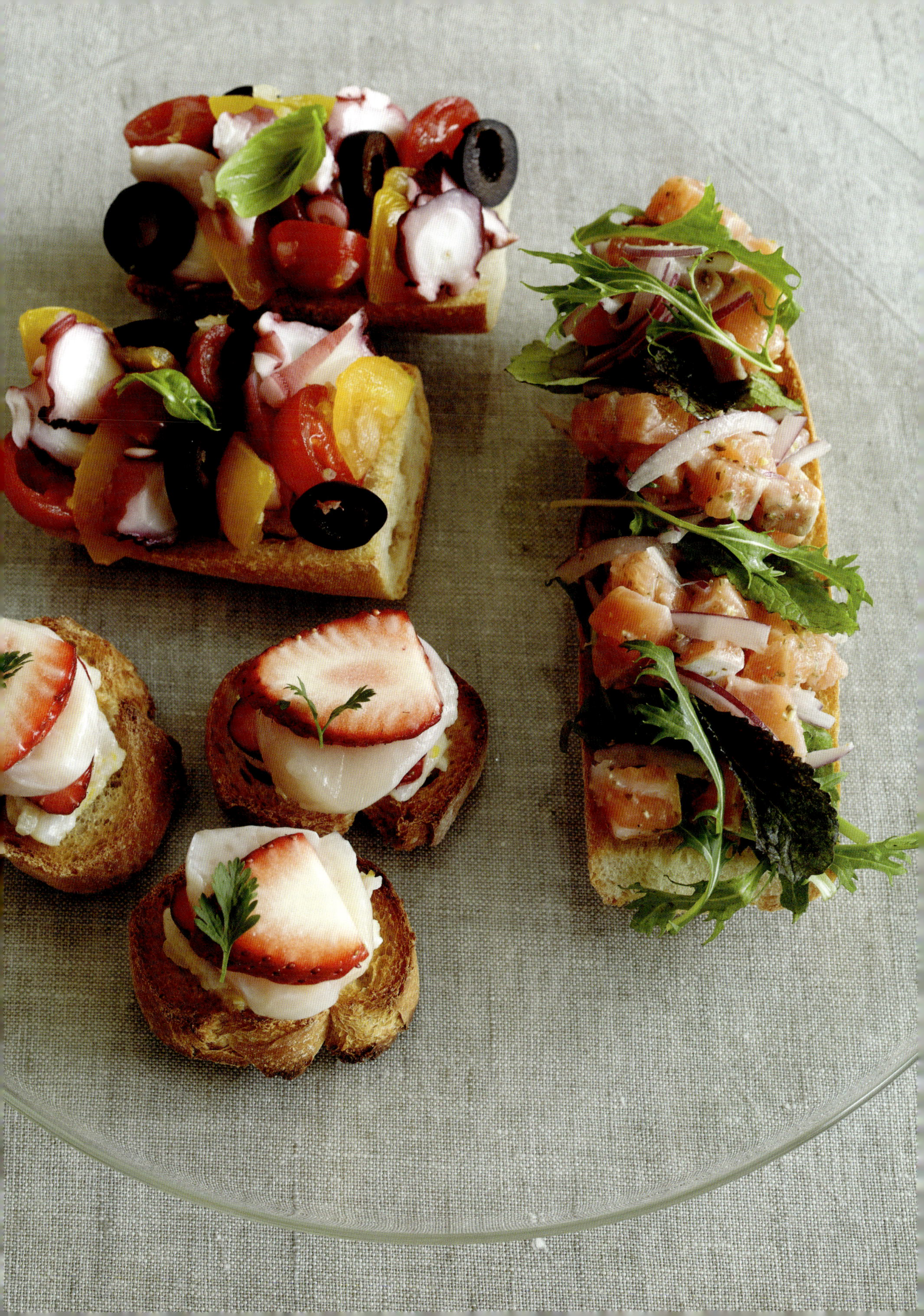

A しらすと菜の花　　　　　　作り方は p.66

B しらすの青のりガーリックオイル　　　　　　作り方は p.66

えびのにんにくディル風味　　作り方はp.66

| Tartines | Croques |

めかじきのソテー・カクテルソース　　作り方は p.67

64　魚介

いわしソテーとドライトマトスクランブル 作り方はp.67

| Tartines | Croques |

しらすと菜の花

菜の花の出回る時期にぜひ作りたい、春の香りのタルティーヌ。
パンには辛子バターをぬるのがおすすめ。味が締まります。

材料 2個分
バゲット　15cm　> 縦半分に切る
しらす干し　20g
菜の花　1束(約170g)
　> 根元に近いかたい部分は切り落とし、3等分の長さに切る
オリーブオイル　大さじ½
塩　小さじ⅓
こしょう　少々
辛子バター
　バター(食塩不使用)　10g　> 室温においてやわらかくする
　練り辛子　5g

1 フライパンにオリーブオイルとしらす干しを入れて火にかけ、菜の花を加えて塩をふり、菜の花がしんなりとするまで炒める(写真)。こしょうをふる。
2 パンはオーブントースターで軽く色づくまで焼き、粗熱をとる。
3 2の上に辛子バターの材料を混ぜ合わせてぬり、1をたっぷりとのせる。

しらすの青のりガーリックオイル

にんにくと青のりの風味をプラスした、しらすのオイル煮が美味。
バゲットのほか、食パンやチャパタなどにもよく合います。

材料 6個分
バゲット(細め)　> 1.5cm厚さに切る　6枚
しらす干し　50g
オリーブオイル　適量
にんにく　½かけ　> みじん切りにする
青のり　小さじ1

1 小さめの鍋にしらす干しを入れてオリーブオイルをひたひたに加えて火にかけ、オイルがフツフツとしてしらす干しの水分が少し飛ぶまで弱火強で煮る。にんにくを加え、しらすがパリッとしてきたら火を止め、青のりを加えてそのまま冷ます(写真)。
2 パンはオーブントースターで軽く色づくまで焼き、粗熱をとる。
3 2の上に1をたっぷりとのせ、鍋に残ったオイルをたっぷりと回しかける。

えびのにんにくディル風味

にんにくとオリーブオイルで炒めたえびが、てんこ盛り。
魚介類と相性のよいディルをからめて、さわやかな香りをプラス。

材料 4個分
バゲット生地パン(なまこ形)　> 1.5cm厚さに切る　4枚
むきえび　300g
にんにく　½かけ　> みじん切りにする
オリーブオイル　大さじ½
塩　小さじ1弱
こしょう　適量
ディル　5本　> 葉を摘む
クレソン　4本

1 フライパンににんにくとオリーブオイルを入れて火にかけ、にんにくの香りがしてきたらえびを加え、塩とこしょうをふり、えびの色が変わるまで炒める(写真)。火を止めてディルをまぶす。
2 パンはオーブントースターで軽く色づくまで焼き、粗熱をとる。
3 2の上に1をたっぷりとのせ、フライパンに残ったオイルをかける。クレソンを添える。

66　魚介

めかじきのソテー・カクテルソース

薄力粉をまぶして香ばしく揚げためかじきが主役。
カクテルソースをぬったパンにのせていただきます。

材料 4個分
ライ麦パン > *1cm厚さに切る* 4枚
めかじき 3切れ > *大きめのひと口大のそぎ切りにする*
こしょう 適量
薄力粉、揚げ油 各適量
カクテルソース
　マヨネーズ 大さじ3
　トマトピューレ 小さじ1
　にんにく ½かけ > *すりおろす*
　パプリカパウダー 小さじ⅕
セルバチコ 適量

1　めかじきは塩小さじ1（分量外）をふって10分ほどおき、ペーパータオルで水気をしっかりと拭く。こしょうをふり、薄力粉をまぶす。
2　揚げ油を170℃に熱し、1を入れ、ときどきひっくり返しながらきつね色に揚げ（写真a）、中まで火を通す。ペーパータオルの上にのせ、油をきる（写真b）。
3　カクテルソースの材料は混ぜ合わせる。
4　パンはオーブントースターで軽く色づくまで焼き、粗熱をとる。
5　4の上にカクテルソースをぬり、2をのせてセルバチコを添える。

a　*b*

いわしソテーと
ドライトマトスクランブル

いわしはタイムとこしょうを利かせ、スクランブルエッグは
ドライトマト入り。おいしい組み合わせに舌鼓！

材料 4個分
バゲット 24cm > *半分の長さに切り、縦半分に切る*
いわし 4尾 > *3枚におろす*
塩 小さじ1
タイム（ドライ） 小さじ1
こしょう 少々
オリーブオイル 大さじ3½
ドライトマトスクランブル
　卵 5個 > *割りほぐす*
　ドライトマト 2枚 > *みじん切りにする*
　こしょう 適量
イエローマスタード 大さじ2

1　いわしは塩をふって10分ほどおき、ペーパータオルで水気を拭く。タイムとこしょうをふり、半分に切る（写真a）。
2　フライパンにオリーブオイル大さじ2½を入れて火にかけ、1を皮目を下にして並べ入れる。中火弱で両面焼き色がつくまで焼いて中まで火を通す（写真b）。とり出して油をきる。
3　ドライトマトスクランブルの材料は混ぜ合わせる。
4　2のフライパンをきれいにし、オリーブオイル大さじ1を熱して3を流し入れ、手早くかき混ぜてスクランブルエッグを作る。ボウルに移し、イエローマスタードを加えて卵をほぐすようにしながら混ぜる。
5　パンはオーブントースターで軽く色づくまで焼き、粗熱をとる。
6　5の上に4をのせ、2のいわしを皮目を上にして4切れずつのせる。

a　*b*

Tartines 甘いタルティーヌ

A ドライフルーツ入りリコッタチーズとフランボワーズ　　作り方は p.70

B アーモンドクリームとブルーベリー　　作り方は p.70

C 洋なしとスライスアーモンド　　作り方は p.70

D さつまいものマッシュとメープルバター 作り方は p.71

E グレープフルーツのはちみつマリネとクリームチーズ 作り方は p.71

F ラベンダーの香りのいちごとシャンティクリーム 作り方は p.71

甘いタルティーヌ 69

ドライフルーツ入りリコッタチーズとフランボワーズ

グラニュー糖をまぶしたドライフルーツを
リコッタチーズと合わせます。
ドライフルーツは数種類使うと味が複雑になっておいしい。

材料 8個分
バゲット（細め） > 1.5cm厚さに少し斜めに切る 8枚
リコッタチーズ 100g
グラニュー糖 15g
ドライフルーツ
　クランベリー 大さじ1
　ワイルドブルーベリー 小さじ1
　レーズン 大さじ1
フランボワーズ 8粒

1　ドライフルーツはすべてみじん切りにし、グラニュー糖をまぶしてバラバラにする。リコッタチーズを加えて混ぜ合わせる。
2　パンはオーブントースターで軽く色づくまで焼き、粗熱をとる。
3　*2*の上に*1*をのせ、フランボワーズを手で半分に裂いてのせる。

アーモンドクリームとブルーベリー

自家製アーモンドクリームをパンにぬって焼くと
香ばしくってクセになるおいしさ。ブルーベリーとよく合います。

材料 6個分
バゲット（細め） > 1.5cm厚さに斜に切る 6枚
バター（食塩不使用） 50g > 室温においてやわらかくする
グラニュー糖 50g
卵 1個 > 割りほぐす
アーモンドパウダー 50g
ブルーベリー 35〜36粒

1　ボウルにバターとグラニュー糖を入れてよくすり混ぜ、卵を少量ずつ加え、そのつど泡立て器でしっかりと混ぜて乳化させる（写真）。これを繰り返し、最後にアーモンドパウダーを加えて混ぜ合わせる。
2　パンの上に*1*のアーモンドクリームをたっぷりとぬり、ブルーベリーを間隔をあけて埋め込むようにしてのせる。
3　*2*をオーブントースターに入れ、アーモンドクリームが焼けてブルーベリーがはじけてくるまで10分ほど焼く。

洋なしとスライスアーモンド

フルーツの缶詰を使ったクイックレシピ。
クロワッサンやブリオッシュなどの甘めのパンを使っても。

材料 4枚分
バゲット生地パン（なまこ形） > 1.5cm厚さに切る 4枚
洋なしのシロップ煮（缶詰） 1個分
　> 5mm厚さのくし形に切る
カソナード
　（フランスの赤砂糖。ブラウンシュガーで代用可） 小さじ4
スライスアーモンド 30g

1　洋なしのシロップ煮はペーパータオルで汁気を拭く。
2　パンの上に*1*を並べてのせ、カソナードをふり、スライスアーモンドを散らす。
3　*2*をオーブントースターに入れ、カソナードが溶けてアーモンドにうっすらと焼き色がつくまで焼く。

さつまいものマッシュとメープルバター

メープルシロップとバターでいただく、
やさしい甘さが人気。バターはやわらかくしないで、
冷蔵庫から出したばかりのものをのせます。

材料 8個分
バゲット（細め） > _1.5cm厚さに少し斜めに切る_　8枚
さつまいも　1本(200g) > _皮つきのまま1.5cm角に切る_
バター（食塩不使用） > _2.5cm四方に薄く切る_　8枚
メープルシロップ　大さじ5
クルミ　適量

1　クルミはオーブントースターでローストまたはフライパンで香りがしてくるまで炒り、冷ます（写真）。
2　さつまいもはひたひたの水とともに鍋に入れて火にかけ、煮くずれるほどやわらかくなったらザルに上げて水気をきる。
3　パンはオーブントースターで軽く色づくまで焼き、粗熱をとる。
4　3の上に2をこんもりと盛り、バター、クルミの順にのせ、メープルシロップをかける。

グレープフルーツのはちみつマリネとクリームチーズ

はちみつの甘みと独特の香りで、
食べ応えのある味わいに。
仕上げにピスタチオをふってアクセントをつけます。

材料 8個分
バゲット > _1cm厚さに切って半分に切る_　8切れ
グレープフルーツ　大8房 > _薄皮をむく_
はちみつ　大さじ2
クリームチーズ　80g > _室温においてやわらかくする_
グラニュー糖　大さじ2
グレープフルーツ果汁　大さじ1
ピスタチオ > _殻をむく_　大さじ1

1　ピスタチオはオーブントースターでローストまたはフライパンで香りがしてくるまで炒り、冷ましてから砕く。
2　グレープフルーツははちみつをかけて10分ほどおき、味をなじませる。
3　パンはオーブントースターで軽く色づくまで焼き、粗熱をとる。
4　クリームチーズにグラニュー糖、グレープフルーツ果汁を加えてよく混ぜる。
5　3の上に4のクリームチーズをのせ、2のグレープフルーツを盛り、ピスタチオをふる。

ラベンダーの香りのいちごとシャンティクリーム

いちごの華やかな香りにバニラと
ラベンダーが加わったリッチなテイスト。
いちごの季節にぜひ作りたいタルティーヌです。

材料 4個分
クロワッサン　2個 > _厚みを半分に切る_
いちご　4個 > _ヘタをとって5mm角に切る_
生クリーム　100mℓ
バニラのさや　1/4本
　> _縦に切り目を入れて中のビーンズをかき出す。さやは使わない_
グラニュー糖　大さじ2½
ラベンダー（ドライ、食用）　小さじ1 > _みじん切りにする_

1　ボウルに生クリーム、バニラビーンズ、グラニュー糖を入れ、泡立て器で混ぜて8分立てにする。
2　クロワッサンに1をたっぷりとぬり、いちごをのせ、ラベンダーをふる。

Croques
クロック

クロックムッシュ

ハムとチーズ、ベシャメルソースを組み合わせた、人気の定番。
まわりはカリッ、中はしっとり。アツアツを頬張るのが最高!
グリュイエールチーズの代わりにエメンタールチーズを使っても。

材料 2個分

食パン > *1cm厚さに切る* 4枚
ロースハム 4枚
グリュイエールチーズ（ブロック） 60g > *2mm厚さに切る*
ベシャメルソース（作りやすい分量。ここでは⅓量を使用）
　バター（食塩不使用） 10g
　薄力粉 10g
　牛乳 100ml
　塩 小さじ½
仕上げ用グリュイエールチーズ（ブロック） 10～15g
こしょう 少々

1 ベシャメルソースを作る。鍋にバターを入れて弱火にかけ、溶けてフツフツとしてきたら薄力粉を一気に加えてヘラで1分ほどよく炒める。粉の香りがなくなったら牛乳を少しずつ加えてなめらかになるまで混ぜ、とろみが出て鍋の縁にフツッと泡が出てきたら塩を加えて火を止め、冷ます。

2 パンの大きさに合わせてハムを切り、パン2枚にのせ、その上にチーズを並べてのせる（写真 *a*）。

3 2をオーブンシートの上にのせ、残りのパン2枚をそれぞれ重ね、1をたっぷりとのせ（写真 *b*）、仕上げ用グリュイエールチーズをすりおろしてかける（写真 *c*、*d*）。

4 3を天板にのせ、オーブントースターでおいしそうな焼き色がつくまで15分ほど焼く。こしょうをふる。

a　*b*　*c*　*d*

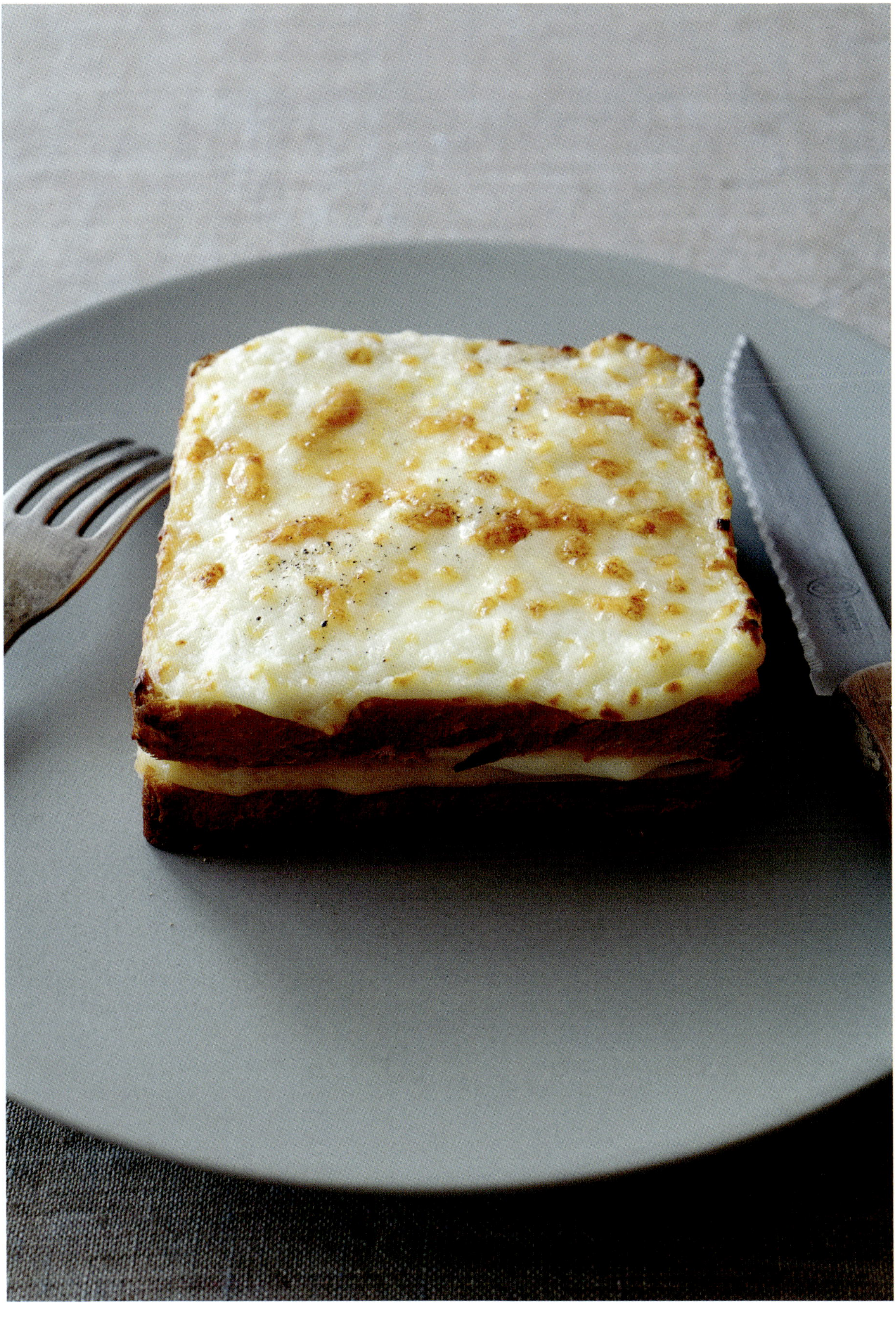

クロックマダム

クロックムッシュに目玉焼きをのせたものがクロックマダム。
目玉焼きは黄身は半熟、白身は縁がカリッとするまで焼きます。

材料 2個分
食パン ＞ 1cm厚さに切る　4枚
ロースハム　4枚
グリュイエールチーズ（ブロック）　60g ＞ 2mm厚さに切る
ベシャメルソース（p.72参照）　適量
仕上げ用グリュイエールチーズ（ブロック）　10〜15g
卵　2個
オリーブオイル　少々
粗びき黒こしょう　適量

1　パンの大きさに合わせてハムを切り、パン2枚にのせ、その上にチーズを並べてのせる。オーブンシートの上にのせ、残りのパン2枚をそれぞれ重ね、ベシャメルソースをたっぷりとのせる。

2　仕上げ用グリュイエールチーズをすりおろしてかけ、天板にのせ、オーブントースターでおいしそうな焼き色がつくまで15分ほど焼く。

3　フライパンにオリーブオイルを入れて火にかけ、卵を割り入れ、白身に火が通って縁がカリッとするまで焼く（写真 a）。

4　器に2を盛り、3をのせ、こしょうをふる。

サラミとピーマン、ゆで卵のクロック

具にするのはピザトーストでお馴染みのサラミ、ピーマン、ゆで卵。トマトソースは使わず、シュレッドチーズたっぷりで焼き上げます。

材料 2個分
バゲット 20cm ＞ 半分の長さに切る
ゆで卵 2個 ＞ 5mm厚さの輪切りにする
サラミ ＞ 薄切りにする 6枚
ピーマン 1個 ＞ 種をとって3mm厚さの輪切りにする
シュレッドチーズ 60g

1　パンは半分の厚さに切り、オーブンシートの上におき、下になるパンにシュレッドチーズの半量をのせる。
2　1にピーマン、ゆで卵、サラミの順に重ねてのせ（写真）、上になるパンをのせる。
3　残りのシュレッドチーズをかけ、天板にのせ、オーブントースターでおいしそうな焼き色がつくまで10分ほど焼く。

Tartines Croques

a  *b*  *c*  *d*

厚切りベーコンと
あめ色玉ねぎのクロック

カリッと焼いた厚切りベーコン、甘くじっくり炒めた玉ねぎを
組み合わせてクロックに仕立てます。

材料 2個分
パン・ド・カンパーニュ ＞ 1〜1.5cm厚さに切る 4枚
玉ねぎ 1個 ＞ 繊維に沿って薄切りにする
ベーコン（ブロック） ＞ 1cm厚さに切る 4枚
サラダ油 大さじ2
グリュイエールチーズ（ブロック） 適量

e

1　フライパンにサラダ油大さじ1と玉ねぎを入れて火にかけ、玉ねぎの水分が飛んであめ色になるまで中火弱で15分ほど炒める（写真 a）。
2　別のフライパンにサラダ油大さじ1とベーコンを入れて火にかけ、両面しっかりと焼き（写真 b）、ペーパータオルにのせて油をきる。
3　オーブンシートの上にパンをおき、そのうちの2枚に1をのせ（写真 c）、2のベーコンを2枚並べてのせる（写真 d）。
4　3の上に残りのパン2枚をそれぞれ重ね、グリュイエールチーズをすりおろしてかける（写真 e）。
5　4を天板にのせ、オーブントースターでおいしそうな焼き色がつくまで10分ほど焼く。

76　クロック

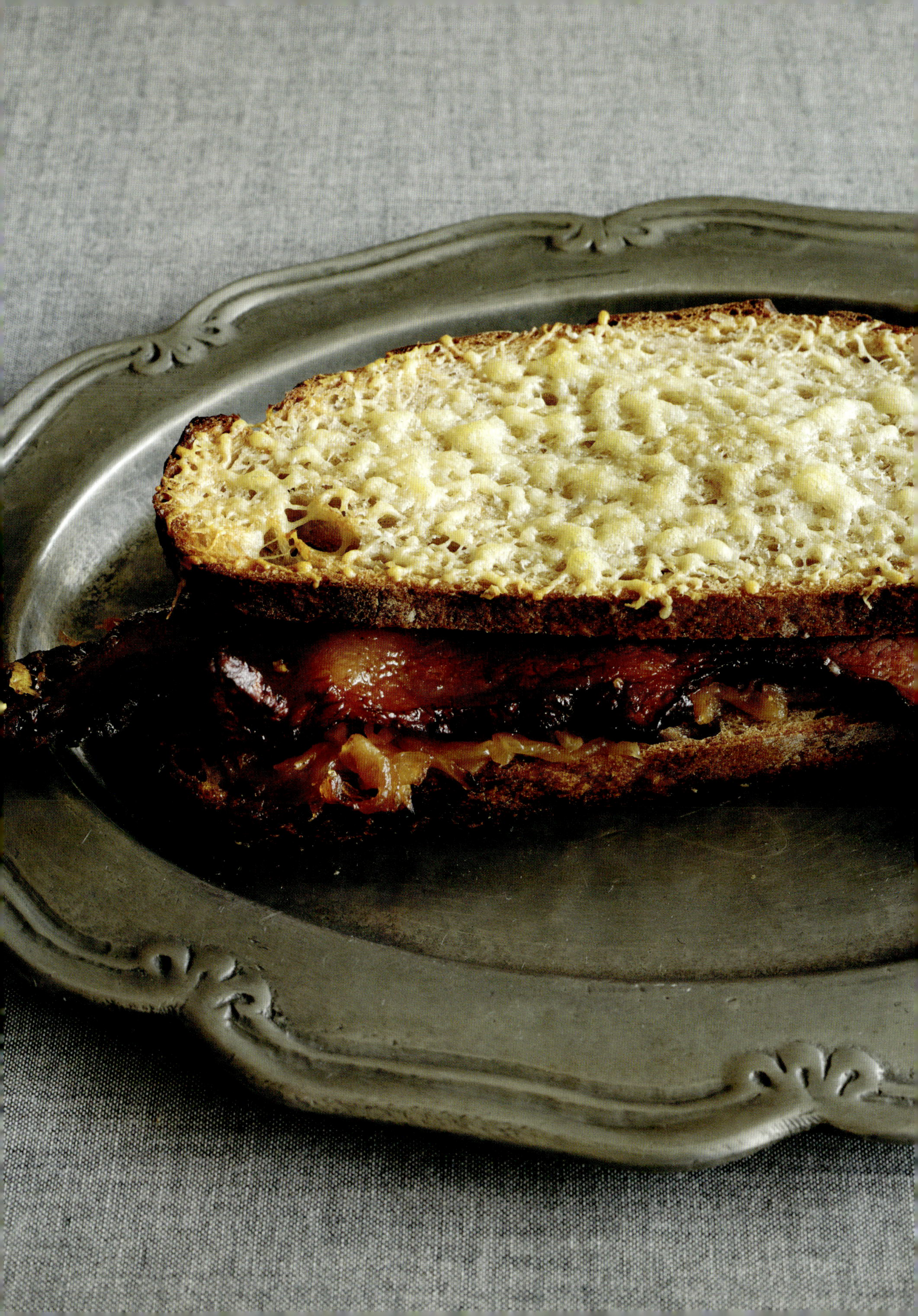

Tartines | Croques

a *b*

c *d*

コンビーフと
マッシュポテトのクロック

パンにはさむのはコンビーフと紫玉ねぎ、上にはマッシュポテトと
ベシャメルソース。味もボリュームもスペシャルです。

材料 1個分

イギリスパン(8枚切り) 2枚
コンビーフ(缶詰) 小1缶
こしょう 適量
紫玉ねぎ 1/6個 ＞ 薄切りにする

マッシュポテト

じゃがいも 1個(120g) ＞ 皮をむいて1cm角に切る
にんにく 1/3かけ ＞ 薄切りにする
塩 小さじ1/3
牛乳 120㎖

ベシャメルソース(p.72参照) 30g
パルメザンチーズ(ブロック) 適量
パセリ 1本 ＞ みじん切りにする

1 マッシュポテトを作る。鍋にじゃがいも、にんにく、塩、牛乳を入れてふたをして火にかけ、煮立ったら弱火にし、ふたをずらしてのせ、じゃがいもが煮くずれるほどやわらかくなるまで煮る。火を止め、フォークの背でじゃがいもとにんにくをつぶしてマッシュポテトにする。

2 1のマッシュポテトにベシャメルソースを混ぜ合わせる。

3 オーブンシートの上にパンをおき、1枚にはコンビーフをまんべんなくぬって平らにし、こしょうをふり、紫玉ねぎを散らす(写真*a*)。

4 もう1枚には2をまんべんなくのせる(写真*b*)。

5 3の上に4を重ねてのせ、パルメザンチーズをすりおろしてかけ(写真*c*)、パセリをふる(写真*d*)。

6 5を天板にのせ、オーブントースターでおいしそうな焼き色がつくまで10分ほど焼く。食べやすい大きさに切り分ける。

Tartines **Croques**

a *b*

c  *d*

ソーセージとキャベツの ホットドッグ風クロック

キャベツのビネガー煮をソーセージといっしょにはさんで
味のバランスをとります。チーズをたっぷりかけて焼くのがポイント。

材料　4個分
ホットドッグ用パン　2本
　> 上部中央に切り込みを入れ、半分の長さに切る
ポークソーセージ(好みのもの)　4本
キャベツのビネガー煮
　キャベツ　¼個
　　> 繊維に沿って1cm幅に切る。芯は薄切りにする
　塩　小さじ½
　水　100㎖
　キャラウェイシード　小さじ½
　白ワインビネガー　大さじ2
シュレッドチーズ(細いタイプ)　適量

1　キャベツのビネガー煮を作る。鍋にキャベツ、塩、分量の水を入れてふたをして火にかけ、煮立ったら弱火強にし、ときどき混ぜながらキャベツがしんなりするまで8分ほど煮る。キャラウェイシードと白ワインビネガーを加え、さらに1分ほど煮て火を止める(写真 *a*)。

2　オーブンシートの上にパンをおき、切り込みに1を入れ(写真 *b*)、ソーセージをのせ(写真 *c*)、シュレッドチーズをふる(写真 *d*)。

3　2を天板にのせ、オーブントースターでおいしそうな焼き色がつくまで10分ほど焼く。

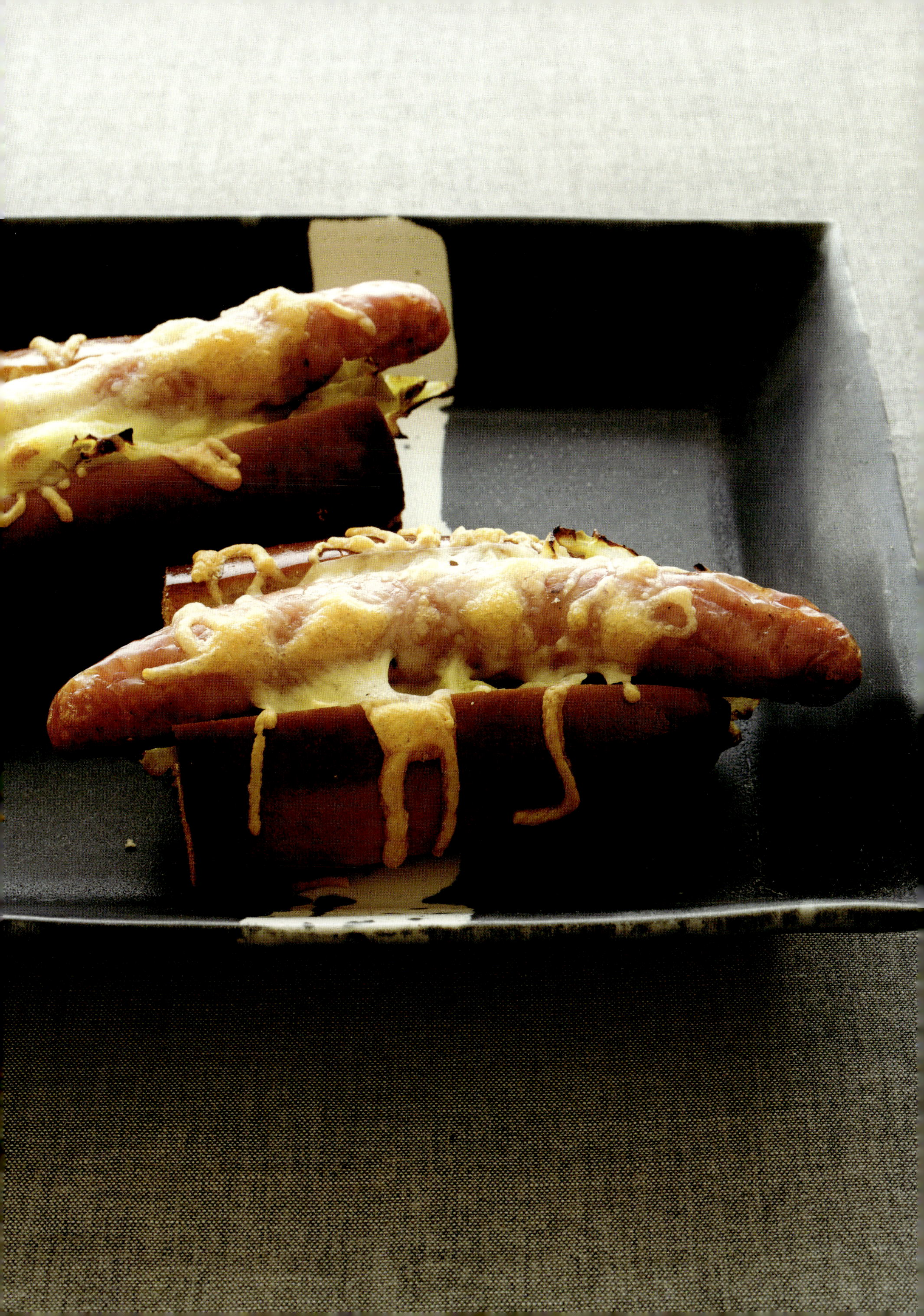

Tartines　Croques

スモークサーモンと
カッテージチーズのクロック

一口頬張ると、食パンは卵液がしみてフンワリやわらか、ほんのりチーズ味。ディルの香りが広がります。

材料　2個分
食パン　> 1〜1.5cm厚さに切る　4枚
卵液
　卵　2個　> 割りほぐす
　牛乳　180ml
　パルメザンチーズ　> すりおろす　大さじ2½
　塩　小さじ½
　溶かしバター(食塩不使用)　15g
スモークサーモン　12枚
ディル　5本　> 葉を摘む
オリーブオイル　大さじ1
カッテージチーズ　40g

1　バットに卵液の材料を入れてよく混ぜ合わせ、パンを浸して30分ほどおく。ひっくり返してさらに30分ほどおき、パンに卵液をしみ込ませる。
2　スモークサーモンはバットに並べ、ディルを散らしてオリーブオイルをかけ、10分ほどおく(写真a)。
3　オーブンシートの上にパン2枚をおき、2をのせ(写真b)、カッテージチーズをのせて平らにし(写真c)、残りのパンを重ねる(写真d)。
4　3を天板にのせ、オーブントースターでおいしそうな焼き色がつくまで10分ほど焼く。半分に切る。

a 　　*b* 　　*c* 　　*d*

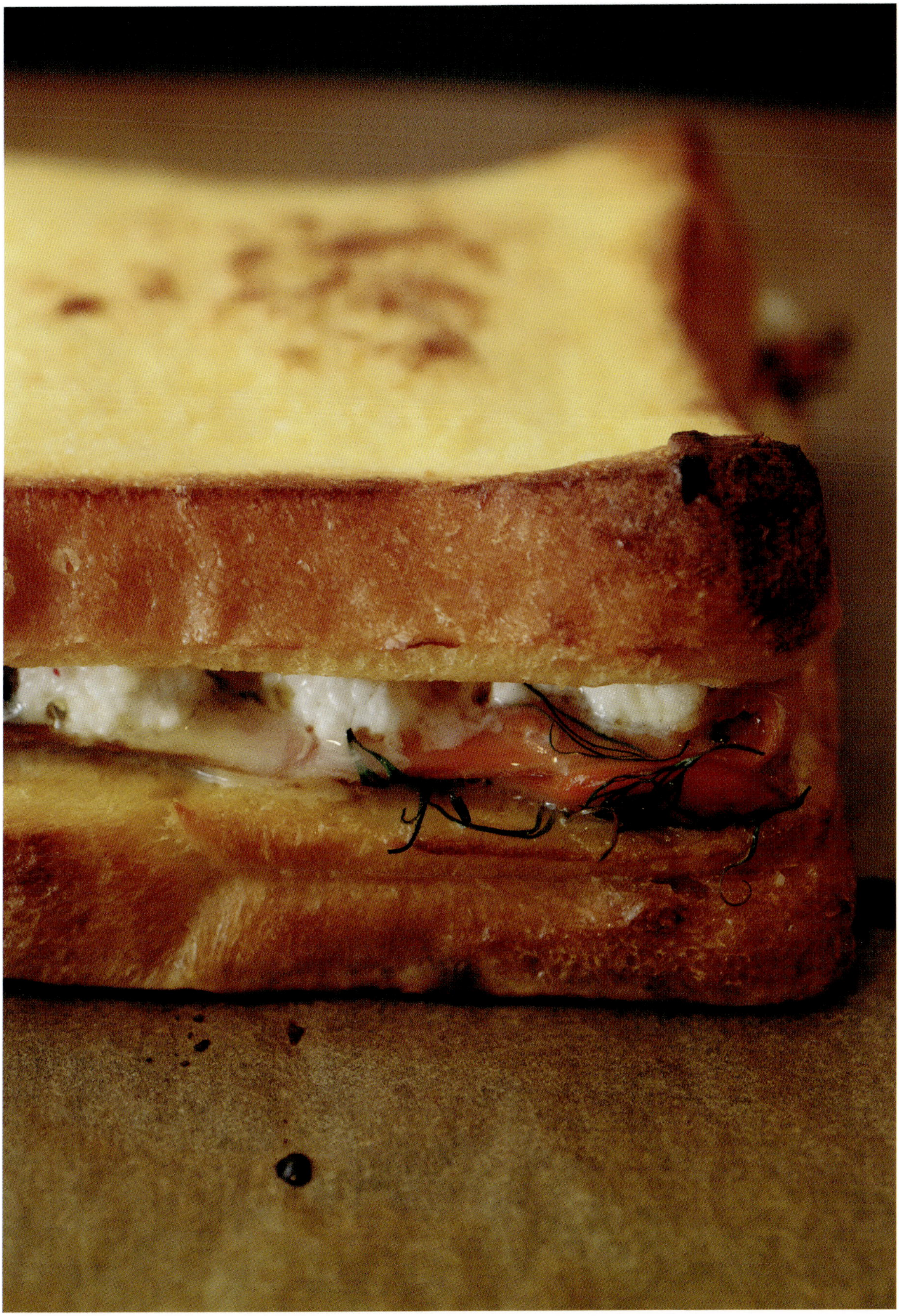

Tartines **Croques**

a *b*
c *d*

きのこのクリームソースクロック

パンにはさむのは、きのこのクリームソースあえ。
上のパンに、にんにくパセリバターをぬって
香ばしく焼き上げます。

材料 2個分
ライ麦パン ＞ <u>1cm厚さに切る</u> 4枚
マッシュルーム 14個 ＞ <u>石づきをとって縦半分に切る</u>
玉ねぎ ＞ <u>みじん切りにする</u> 大さじ2
にんにく ¼かけ ＞ <u>みじん切りにする</u>
バター（食塩不使用） 10g
ベシャメルソース（p.72参照） 50g
牛乳 大さじ2
塩 小さじ⅔
こしょう 適量
にんにくパセリバター
バター（食塩不使用） 20g ＞ <u>室温においてやわらかくする</u>
パセリ 2本 ＞ <u>葉を摘んでみじん切りにする</u>
にんにく ⅓かけ ＞ <u>みじん切りにする</u>
塩 小さじ¼

1 にんにくパセリバターを作る。ボウルにバター、パセリ、にんにく、塩を入れ（写真 *a*）、よく混ぜ合わせる。
2 鍋にバターを入れて火にかけ、バターが溶けてフツフツしてきたら玉ねぎ、にんにく、マッシュルームを加えて炒める。ベシャメルソースと牛乳を加えてあえるようにしてさらに炒め、塩、こしょうで味を調える。
3 オーブンシートの上にパンをおき、2枚には2をのせて平らにする（写真 *b*）。
4 残りのパン2枚には1をまんべんなくぬる（写真 *c*）。
5 3の上に4を重ね（写真 *d*）、天板にのせ、オーブントースターでおいしそうな焼き色がつくまで10分ほど焼く。

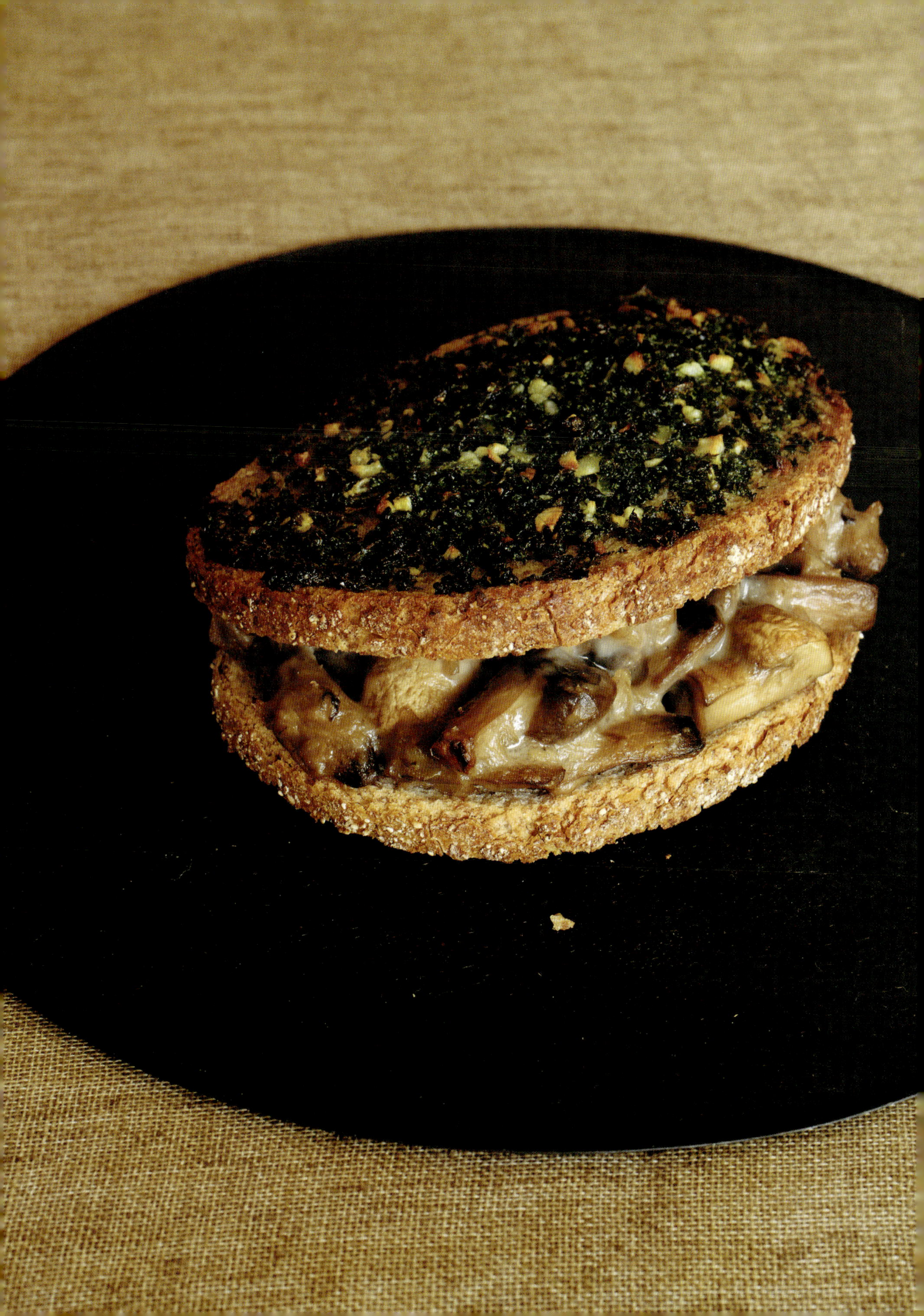

Tartines | Croques

ボロネーズソースのクロック

牛ひき肉で作ったボロネーズソースとベシャメルソース、チーズを組み合わせたラザニア風。永遠のおいしさです。

材料 2個分

食パン > 1cm厚さに切る 4枚
ボロネーズソース
　牛ひき肉　120g
　玉ねぎ　½個 > みじん切りにする
　にんにく　½かけ > みじん切りにする
　サラダ油　大さじ1
　トマトダイス缶　½缶（100g）
　塩、こしょう　各適量
　ナツメグ > すりおろす　小さじ¼
　ローリエ　1枚
ベシャメルソース（p.72参照）　50g
シュレッドチーズ　適量

1　ボロネーズソースを作る。鍋にサラダ油、玉ねぎ、にんにくを入れて火にかけ、香りがして焼ける音がしてきたら、ひき肉を加えてほぐしながら炒める。
2　ひき肉がポロポロになったらトマト缶を加え、塩小さじ⅔、こしょう適量をふり、ナツメグとローリエを入れ、5分ほど煮る。塩、こしょう各少々で味を調える（写真 a）。
3　オーブンシートの上にパンをおき、2枚には2のボロネーズソースをのせて平らにする。
4　残りの2枚にはベシャメルソースをのせて平らにする（写真 b）。
5　3の上に4を重ねて天板にのせ、シュレッドチーズをのせる（写真 c）。オーブントースターでおいしそうな焼き色がつくまで10分ほど焼く。

a 　　　*b* 　　　*c*

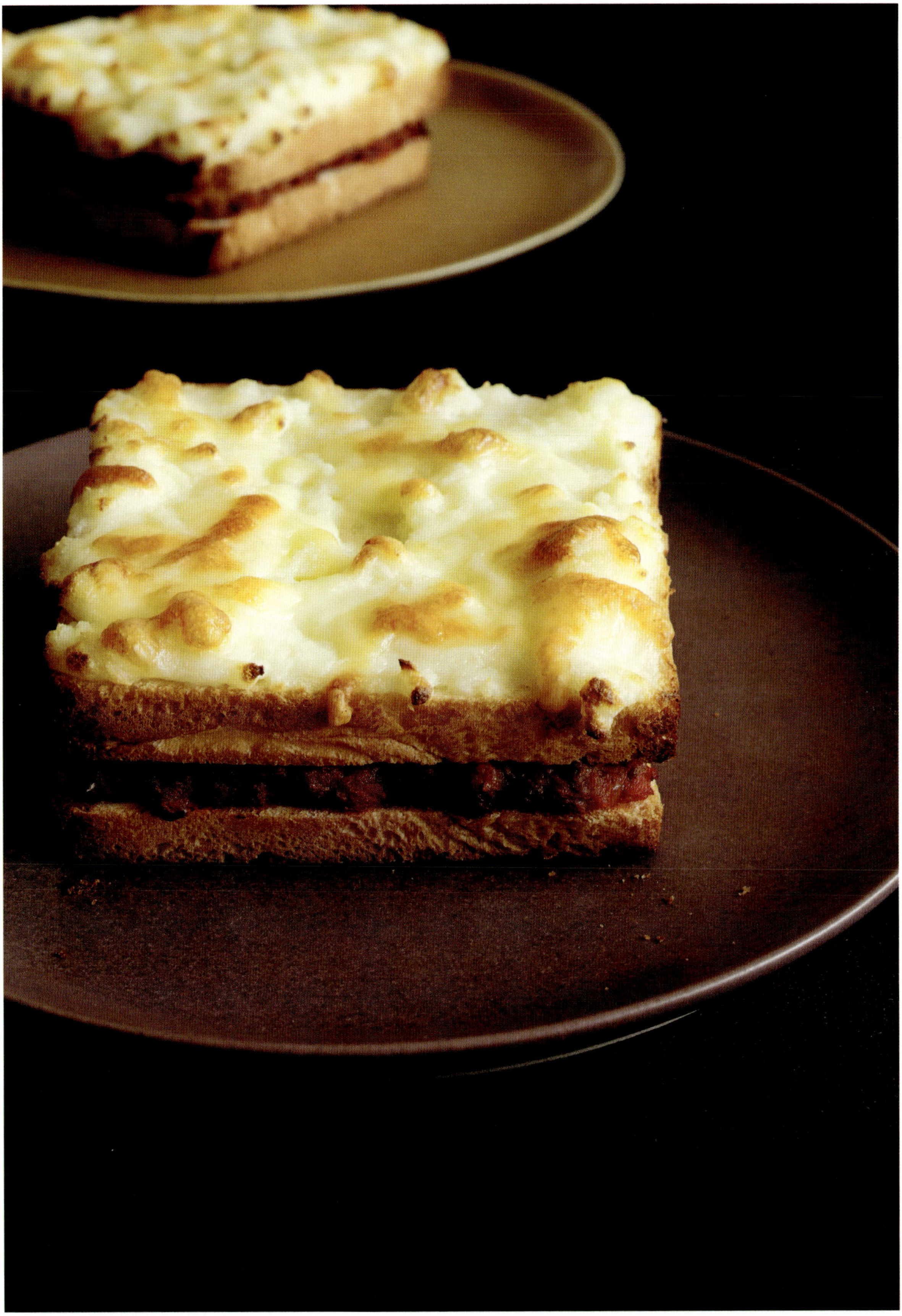

Tartines | **Croques**

a　b

c　d

ドライカレーの小さいクロック

ラム肉で作ったドライカレーをバゲットでサンドし、
チーズをのせてオーブントースターへ。
れんこんのシャキシャキ感が加わって、飽きないおいしさ。

材料 8個分

バゲット(細め) > <u>1cm厚さに切る</u>　16枚

ラムのドライカレー

　ラム薄切り肉　120g　> 粗みじん切りにする
　玉ねぎ　1/6個　> みじん切りにする
　にんにく　1/3かけ　> みじん切りにする
　れんこん　1/4節　> みじん切りにする
　サラダ油　大さじ1
　塩　小さじ1/2
　こしょう　適量
　カレー粉　小さじ1強

シュレッドチーズ　40g

1　ラムのドライカレーを作る。フライパンにサラダ油、玉ねぎ、にんにく、れんこんを入れて火にかけ、香りがして焼ける音がしてきたら、ラム肉を加え、塩、こしょう、カレー粉をふり、ほぐしながら炒める(写真a)。水分や肉汁を飛ばすようにしながらよく炒める。

2　オーブンシートの上にパン8枚をおき、1をたっぷりとのせ(写真b)、残りのパン8枚をそれぞれ重ね(写真c)、シュレッドチーズをのせる(写真d)。

3　2を天板にのせ、オーブントースターでおいしそうな焼き色がつくまで10分ほど焼く。

Croques 甘いクロック

りんごのコンポートと
シナモンバターのクロック

焼きたてもおいしいですが、りんごの汁気とシナモンバターがパンになじんで、少ししんなりした頃が、食べどき。りんごは紅玉のほか、ふじやジョナゴールドでも。

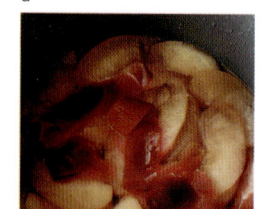

材料　4個分

バゲット生地パン（なまこ形）＞ _1cm厚さに切る_　8枚

りんごのコンポート

りんご（紅玉）　1個
＞ _皮をむいて芯を除き、5mm厚さのくし形に切る。赤い皮はとっておく_
グラニュー糖　60g
水　120mℓ

シナモンバター

バター（食塩不使用）30g ＞ _室温においてやわらかくする_
グラニュー糖　大さじ1½
シナモンパウダー　小さじ½

生クリーム ＞ _泡立てる_
ミント　少々 ＞ _葉を摘む_

1　りんごのコンポートを作る。鍋にりんご、グラニュー糖、分量の水を入れ、りんごの赤い皮があればよく洗って加える。火にかけ、煮立ったら弱火にし、ふたをして5分ほど煮、そのまま冷ます（写真a）。

2　シナモンバターの材料はボウルに入れ（写真b）、よく混ぜ合わせる。

3　オーブンシートの上にパンをおき、そのうちの4枚に1のりんごのコンポートをのせる（写真c）。

4　残りのパン4枚にシナモンバターをたっぷりとぬる（写真d）。

5　3の上に4を重ね（写真e）、天板にのせ、オーブントースターでおいしそうな焼き色がつくまで8分ほど焼く。

6　器に5を盛り、泡立てた生クリームを添え、ミントを飾る。

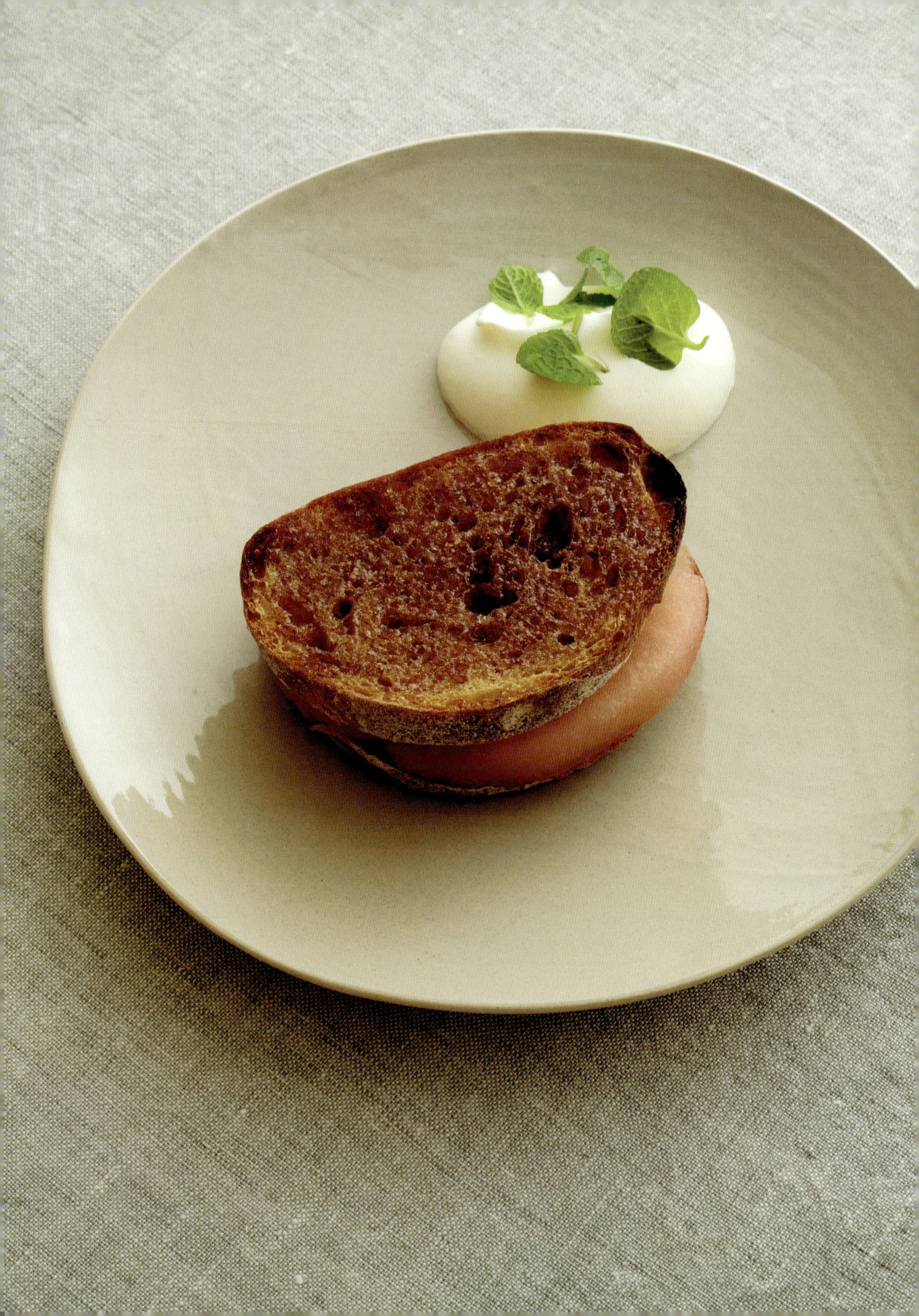

Tartines　Croques

ジャム入りフレンチトースト風クロック

バニラ風味の卵液に浸したパンは、やさしい味わい。
表面がカリッとするまで焼くのが、おいしさの秘密。
ジャムはベリー類がよく合います。

材料　4個分
食パン　> *1cm厚さに切る*　4枚
卵液
　卵　2個　> *割りほぐす*
　牛乳　200mℓ
　グラニュー糖　60g
　バニラビーンズ　1/3本
　　> *縦に切り目を入れて中のビーンズをかき出す*
　溶かしバター(食塩不使用)　15g
フランボワーズジャム(市販のもの)　40gほど

1　バットに卵液の材料を入れてよく混ぜ合わせ、パンを浸して30分ほどおく。ひっくり返してさらに30分ほどおき、パンに卵液をしみ込ませる（写真a）。
2　オーブンシートの上に1のパン2枚をおき、フランボワーズジャムをのせ、パンの縁よりひと回り小さく平らに広げる（写真b）。
3　2の上に残りのパン2枚をそれぞれ重ね、上からスパチュラなどで中央を軽く押す（写真c）。このときジャムがパンの端まで行き届く。
4　天板にのせ、オーブントースターでおいしそうな焼き色がつくまで10分ほど焼く。半分に切る。

a　　　　　b　　　　　c

92　甘いクロック

バナナとショコラサンドのクロック

相性のいいバナナとチョコを使った、クロワッサンのクロック。
チョコレートが少し溶けたら食べ頃。ラム酒の香りが鼻をくすぐります。

材料 2個分

クロワッサン 2個 ＞ 厚みを3等分に切る
バナナ 1本 ＞ 2mm厚さの輪切りにする
ビターチョコレート（タブレットタイプ） 20g
スライスアーモンド 15g
ラム酒 大さじ1

1 アーモンドはラム酒をふりかけて10分ほどおく。
2 オーブンシートの上に3等分したパンをおき、一段目にバナナを並べ、二段目にチョコレートをのせる（写真）。
3 一段目、二段目の順に重ね、三段目のパンをのせ、その上に1をのせる。
4 天板にのせ、オーブントースターで5分ほど焼き、アーモンドが香ばしい色になってチョコレートが少し溶けてきたらとり出す。

食べたい素材で探す index

肉・肉加工品

鶏肉
蒸し鶏と大根マリネ 51・54
ハーブチキンと干しあんず 52・55
カレー風味のささ身とほうれん草ソテー 53・55

豚肉
豚肉のリエット 48
豚ヒレ肉とりんごのソテー・
　粒マスタード風味 50・54

ラム肉
ドライカレーの小さいクロック 88

ひき肉
ボロネーズソースのクロック 86

コンビーフ
コンビーフとマッシュポテトのクロック 78

サラミ
かぶのバルサミコソテー・
　サラミとアーモンド 28・30
サラミとピーマン、ゆで卵のクロック 75

スモークチキン
スモークチキンとカリフラワー 46

ソーセージ
ソーセージとピーマン、トマト、チーズ 46
ソーセージとキャベツのホットドッグ風クロック 80

生ハム
キャロットラペと生ハム 26
パプリカ入りスクランブルエッグと生ハム 40

ハム
コールスローとロースハム 20
ハムペーストとマッシュルーム 42
角切りロースハムとパイナップル 42
クロックムッシュ 72
クロックマダム 74

パンチェッタ
しいたけとパンチェッタソテー 34

ビーフパストラミ
ビーフパストラミとピーマンマリネ 44

ベーコン
ゆでかぼちゃとカリカリベーコン 29・31
厚切りベーコンとあめ色玉ねぎのクロック 76

魚介・魚介加工品

いか
いかのマリネ 58

いわし
いわしソテーとドライトマトスクランブル 65・67

えび
えびのにんにくディル風味 63・66

かに
シェーブルチーズとかに、白ぶどう 15

サーモン
サーモンのタルタル 60

たこ
たこのメヒカーナ風 60

たらこ
じゃがいものたらこソテー・ディル風味 32

帆立て貝柱
帆立て貝柱といちご 60

まぐろ
まぐろのマリネと紫キャベツ 58

めかじき
めかじきのソテー・カクテルソース 64・67

アンチョビー
フルーツトマトとアンチョビー 18
そら豆入りスクランブルエッグ 41

オイルサーディン
ゆで卵とオイルサーディン 39

しらす干し
しらすと菜の花 62・66
しらすの青のりガーリックオイル 62・66

スモークサーモン
スモークサーモンと
　カッテージチーズのクロック 82

ツナ
ロシアンポテトサラダ風 32
ツナペーストとズッキーニ、にんじん 56
ツナペーストと揚げごぼう 56

卵・うずら卵

ロシアンポテトサラダ風 32
うずら卵の目玉焼きとパセリバター 38
ゆで卵とオイルサーディン 39
パプリカ入りスクランブルエッグと生ハム 40
そら豆入りスクランブルエッグ 41
いわしソテーとドライトマトスクランブル 65・67
クロックマダム 74
サラミとピーマン、ゆで卵のクロック 75
スモークサーモンと
　カッテージチーズのクロック 82
ジャム入りフレンチトースト風クロック 92

きのこ

エリンギステーキ 34
しいたけとパンチェッタソテー 34
きのこペーストとクルミ 36
赤ワイン風味のマッシュルームソテー 37
ハムペーストとマッシュルーム 42
きのこのクリームソースクロック 84

野菜

かぶ
かぶのバルサミコソテー・
　サラミとアーモンド 28・30

かぼちゃ
焼きかぼちゃとウォッシュチーズ 29・31
ゆでかぼちゃとカリカリベーコン 29・31

カリフラワー
スモークチキンとカリフラワー 46

キャベツ・紫キャベツ
コールスローとロースハム 20

キャラウェイシードの香りの紫キャベツソテー 20
まぐろのマリネと紫キャベツ 58
ソーセージとキャベツのホットドッグ風クロック 80

きゅうり
塩もみきゅうりとクレソン 24

クレソン
塩もみきゅうりとクレソン 24
えびのにんにくディル風味 63・66

ごぼう
ツナペーストと揚げごぼう 56

さつまいも
さつまいものマッシュとメープルバター 69・71

サラダ菜
そら豆入りスクランブルエッグ 41

サラダほうれん草
カレー風味のささ身とほうれん草ソテー 53・55

じゃがいも
ゆでじゃがいもの黒オリーブあえ 32
ロシアンポテトサラダ風 32
じゃがいものたらこソテー・ディル風味 32
コンビーフとマッシュポテトのクロック 78

ズッキーニ
リコッタチーズとズッキーニ、ドライトマト 14
ツナペーストとズッキーニ、にんじん 56

セロリ
セロリのコールスローとミモレットチーズ 25
いかのマリネ 58

そら豆
そら豆入りスクランブルエッグ 41

大根
蒸し鶏と大根マリネ 51・54

玉ねぎ・紫玉ねぎ・小玉ねぎ
トマトサルサ 18
フルーツトマトとアンチョビー 18
サーモンのタルタル 60
厚切りベーコンとあめ色玉ねぎのクロック 76
コンビーフとマッシュポテトのクロック 78

トマト・ミニトマト・ドライトマト
リコッタチーズとズッキーニ、ドライトマト 14
トマトサルサ 18
2色のミニトマトと香菜 18
フルーツトマトとアンチョビー 18
ゆでじゃがいもの黒オリーブあえ 32
ソーセージとピーマン、トマト、チーズ 46
たこのメヒカーナ風 60
いわしソテーとドライトマトスクランブル 65・67

長ねぎ
ゆでねぎと黒オリーブ 27

なす
焼きなすと白ごまペースト 22
なすのタイム＆ジンジャーソテー 22

菜の花
しらすと菜の花 62・66

にんじん
キャロットラペと生ハム 26
ツナペーストとズッキーニ、にんじん 56

ピーマン、カラーピーマン
ビーフパストラミとピーマンマリネ 44

ソーセージとピーマン、トマト、チーズ　46
サラミとピーマン、ゆで卵のクロック　75
ブロッコリー
ブロッコリーのタイムソテー・
　　パルメザンチーズ風味　28・30
ベビーリーフ
サーモンのタルタル　60
ルッコラ・セルバチコ
赤ワイン風味のマッシュルームソテー　37
スモークチキンとカリフラワー　46
めかじきのソテー・カクテルソース　64・67
レタス類
角切りロースハムとパイナップル　42

ハーブ
イタリアンパセリ
コンテチーズのオイルマリネとハーブ　8・10
トマトサルサ　18
しいたけとパンチェッタソテー　34
セルフィーユ
コンテチーズのオイルマリネとハーブ　8・10
カマンベールチーズとりんご　12
タイム
リコッタチーズとズッキーニ、ドライトマト　14
なすのタイム＆ジンジャーソテー　22
ブロッコリーのタイムソテー・
　　パルメザンチーズ風味　28・30
ハーブチキンと干しあんず　52・55
いわしソテーとドライトマトスクランブル　65・67
ディル
コンテチーズのオイルマリネとハーブ　8・10
シェーブルチーズとかに、白ぶどう　15
じゃがいものたらこソテー・ディル風味　32
えびのにんにくディル風味　63・66
スモークサーモンと
　　カッテージチーズのクロック　82
バジル
パルメザンチーズとにんにくチップ、バジル　8・11
フルーツトマトとアンチョビー　18
たこのメヒカーナ風　60
パセリ
うずら卵の目玉焼きとパセリバター　38
きのこのクリームソースクロック　84
ミント
シェーブルチーズと松の実、ミント　9・11
蒸し鶏と大根マリネ　51・54
ラベンダー
ラベンダーの香りのいちごと
　　シャンティクリーム　69・71
ローズマリー
ハーブチキンと干しあんず　52・55

チーズ
ウォッシュチーズ
焼きかぼちゃとウォッシュチーズ　29・31
カッテージチーズ
スモークサーモンと
　　カッテージチーズのクロック　82

カマンベールチーズ
カマンベールチーズとりんご　12
クリームチーズ
クリームチーズとクミンシード　8・10
なすのタイム＆ジンジャーソテー　22
ハムペーストとマッシュルーム　42
グレープフルーツのはちみつマリネと
　　クリームチーズ　69・71
グリュイエールチーズ
クロックムッシュ　72
クロックマダム　74
厚切りベーコンとあめ色玉ねぎのクロック　76
コンテチーズ
コンテチーズのオイルマリネとハーブ　8・10
シェーブルチーズ
シェーブルチーズと松の実、ミント　9・11
シェーブルチーズとかに、白ぶどう　15
シュレッドチーズ
エリンギステーキ　34
ビーフパストラミとピーマンマリネ　44
ソーセージとピーマン、トマト、チーズ　46
豚ヒレ肉とりんごのソテー・
　　粒マスタード風味　50・54
サラミとピーマン、ゆで卵のクロック　75
ソーセージとキャベツのホットドッグ風クロック　80
ボロネーズソースのクロック　86
ドライカレーの小さいクロック　88
パルメザンチーズ
パルメザンチーズとにんにくチップ、バジル　8・11
アボカドクリームと赤粒こしょう　17
焼きなすと白ごまペースト　22
ブロッコリーのタイムソテー・
　　パルメザンチーズ風味　28・30
赤ワイン風味のマッシュルームソテー　37
コンビーフのグリル　44
コンビーフとマッシュポテトのクロック　78
スモークサーモンと
　　カッテージチーズのクロック　82
フェタチーズ
フェタチーズとブルーベリージャム　12
ブルーチーズ
ブルーチーズと柿　12
カレー風味のささ身とほうれん草ソテー　53・55
ミモレットチーズ
セロリのコールスローとミモレットチーズ　25
モッツァレラチーズ
モッツァレラチーズとオレンジ　12
リコッタチーズ
リコッタチーズとズッキーニ、ドライトマト　14
ドライフルーツ入りリコッタチーズと
　　フランボワーズ　68・70

ナッツ
シェーブルチーズと松の実、ミント　9・11
焼きアボカドとアーモンド　16
かぶのバルサミコソテー・
　　サラミとアーモンド　28・30
きのこペーストとクルミ　36

洋なしとスライスアーモンド　68・70
さつまいものマッシュとメープルバター　69・71
グレープフルーツのはちみつマリネと
　　クリームチーズ　69・71
バナナとショコラサンドのクロック　93

フルーツ
アボカド
焼きアボカドとアーモンド　16
アボカドクリームと赤粒こしょう　17
いちご
帆立て貝柱といちご　60
ラベンダーの香りのいちごと
　　シャンティクリーム　69・71
オレンジ
モッツァレラチーズとオレンジ　12
柿
ブルーチーズと柿　12
グレープフルーツ
グレープフルーツのはちみつマリネと
　　クリームチーズ　69・71
白ぶどう
シェーブルチーズとかに、白ぶどう　15
パイナップル
角切りロースハムとパイナップル　42
バナナ
バナナとショコラサンドのクロック　93
フランボワーズ
ドライフルーツ入りリコッタチーズと
　　フランボワーズ　68・70
ブルーベリー
アーモンドクリームとブルーベリー　68・70
干しあんず
ハーブチキンと干しあんず　52・55
洋なし
洋なしとスライスアーモンド　68・70
りんご
カマンベールチーズとりんご　12
豚ヒレ肉とりんごのソテー・
　　粒マスタード風味　50・54
りんごのコンポートと
　　シナモンバターのクロック　90

オリーブ・ドライフルーツ・
ジャム・チョコレート
オリーブ
ゆでねぎと黒オリーブ　27
ゆでじゃがいもの黒オリーブあえ　32
たこのメヒカーナ風　60
ドライフルーツ
キャロットラペと生ハム　26
ドライフルーツ入りリコッタチーズと
　　フランボワーズ　68・70
ジャム
フェタチーズとブルーベリージャム　12
ジャム入りフレンチトースト風クロック　92
チョコレート
バナナとショコラサンドのクロック　93

95

サルボ恭子　*salbot kyoko*

1971年東京生まれ。料理家の叔母に師事したのち、渡仏。ル・コルドンブルー・パリ、リッツ等の料理学校を経て「オテル・ド・クリヨン」調理場へ。当時2つ星のメインダイニングのキッチンとパティスリーに勤務。帰国後、料理研究家のアシスタントを経て独立。都内でフランス人の夫、2人の子どもと暮らす。『作りおきオードヴル』（朝日新聞出版）、『サラダの方程式』（河出書房新社）、『前菜食堂』（主婦と生活社）など著書多数。

アートディレクション	>	昭原修三
デザイン	>	植田光子（昭原デザインオフィス）
撮影	>	木村 拓（東京料理写真）
スタイリング	>	肱岡香子
編集	>	松原京子
プリンティングディレクター	>	栗原哲朗（図書印刷）
料理アシスタント	>	能重伊與子
		石井聡子
器協力	>	UTUWA　Tel. 03-6447-0070

タルティーヌと
クロック
フランス式のっけパンとホットサンド

2015年 7月 1日　第1刷発行

著者　　サルボ恭子
発行者　川畑慈範
発行所　東京書籍株式会社
　　　　東京都北区堀船2-17-1　〒114-8524
　　　　電話　03-5390-7531（営業）
　　　　　　　03-5390-7508（編集）
ISBN978-4-487-80916-5 C2077
Copyright © 2015 by Kyoko Salbot
All Rights Reserved.
Printed in Japan
印刷・製本　図書印刷株式会社

乱丁・落丁の際はお取り替えさせていただきます。
本書の内容を無断で転載することはかたくお断りいたします。